イラストでわかる

カタカナ語じてん

アレン玉井光江 監修

成美堂出版

はじめに

カタカナ語《ご》ってどういう言葉《ことば》でしょう。辞書《じしょ》によると「ふつうカタカナで表記《ひょうき》され、主《おも》に欧米《おうべい》から入《はい》ってきた外来語《がいらいご》。日本《にほん》で外来語《がいらいご》を模《も》して作《つく》られた語《ご》にも使《つか》われる」、または「片仮名《かたかな》で表記《ひょうき》される語《ご》で、主《おも》に外来語《がいらいご》を指《さ》すが、和製英語《わせいえいご》にも使《つか》われる」とあります。

気《き》づけば、「スタート、ピンチ、リサイクル」のようによく使《つか》われる言葉《ことば》から、「ジェンダー、ダイバーシティー、ユニバーサルデザイン」など、新《あたら》しい言葉《ことば》まで、私《わたし》たちはたくさんのカタカナ語《ご》に囲《かこ》まれて生活《せいかつ》しています。

カタカナ語《ご》はどんどん増《ふ》えていますが、それは、グローバル化《か》（国家間《こっかかん》の垣根《かきね》を越《こ》えること）や国際化《こくさいか》に伴《ともな》い、より多《おお》くの外国語《がいこくご》にふれる機会《きかい》が増《ふ》え、それを日本語《にほんご》に訳《やく》すのが難《むずか》しく、さらに訳《やく》しても人々《ひとびと》の間《あいだ》に普及《ふきゅう》する前《まえ》に、新《あたら》しい言葉《ことば》が次々《つぎつぎ》と入《はい》ってきているからではないでしょうか。

カタカナ語《ご》になった言葉《ことば》の中《なか》には、日本《にほん》の生活《せいかつ》や感覚《かんかく》にあった意味《いみ》に変《へん》化《か》し、日本以外《にほんいがい》では通《つう》じない言葉《ことば》になったものもあります。特《とく》に欧米《おうべい》から

の言葉《ことば》をカタカナ語《ご》として使用《しよう》する場合《ばあい》、元《もと》の言語《げんご》の音《おと》が日本語《にほんご》の音《おと》に変《へん》換《かん》されるため、多《おお》くの場合《ばあい》、それを使《つか》って外国《がいこく》の人《ひと》とやりとりをするのは難《むずか》しいでしょう。カタカナ語《ご》は元《もと》は外来語《がいらいご》ですが、日本《にほん》に根《ね》づいた新《あたら》しい言葉《ことば》といえるのではないでしょうか。

この本《ほん》では、カタカナ語《ご》が使《つか》われている場面《ばめん》を楽《たの》しいイラストとともに紹介《しょうかい》していますので、まずその意味《いみ》を理解《りかい》しましょう。関連《かんれん》する言葉《ことば》、似《に》た意味《いみ》の言葉《ことば》、反対《はんたい》の意味《いみ》の言葉《ことば》ものせていますので、それらを見《み》ながら、さらに理解《りかい》を深《ふか》めることができます。

この本《ほん》を通《つう》じて、みなさんがカタカナ語《ご》の正《ただ》しい使《つか》い方《かた》を理解《りかい》し、日本《にほん》語《ご》にも外国語《がいこくご》にもより興味《きょうみ》を持《も》っていただき、言葉《ことば》の世界《せかい》を広《ひろ》げていかれることを願《ねが》っています。

青山《あおやま》学院《がくいん》大学《だいがく》文学部《ぶんがくぶ》英米《えいべい》文学科《ぶんがくか》教授《きょうじゅ》
アレン玉井《たまい》光江《みつえ》

もくじ

はじめに …… 2

ア行《ぎょう》 …… 6

カ行《ぎょう》 …… 24

サ行《ぎょう》 …… 46

タ・ナ行《ぎょう》 …… 70

ハ行《ぎょう》 …… 92

マ行《ぎょう》 …… 120

ヤ・ラ・ワ行《ぎょう》 …… 134

コラム

色《いろ》を表《あらわ》すカタカナ語《ご》 …… 69

同《おな》じ読《よ》みで意味《いみ》が違《ちが》う言葉《ことば》 …… 119

知《し》っておきたいアルファベット略語《りゃくご》 …… 153

さくいん …… 154

この本《ほん》の構成《こうせい》

- 五十音順《ごじゅうおんじゅん》に掲載《けいさい》しています。
- イラスト入《い》りでしょうかいしきれない言葉《ことば》は、それぞれの「行《ぎょう》」の後《うし》ろにまとめて掲載《けいさい》しています。

この言葉《ことば》が、どの場面《ばめん》で、どのように使《つか》われるかを、イラストとととともに示《しめ》しています。

英語《えいご》のスペルを、表記《ひょうき》しています。

ゴール

[goal]

優勝《ゆうしょう》を決《き》めたのは、ねこちゃんのゴールだった。

意味 ①順位《じゅんい》が決《き》まる地点《ちてん》。決勝点《けっしょうてん》。②目標《もくひょう》としている最終地点《さいしゅうちてん》。物事《ものごと》や競技《きょうぎ》など、目標《もくひょう》にしている最後《さいご》の地点《ちてん》や、点《てん》を決《き》めるところをいいます。

使い方 ①かれは圧倒的《あっとうてき》な速《はや》さでゴールした。②あと一《いち》ページで宿題《しゅくだい》は終《お》わりだ、ゴールは見《み》えてきた。

関連する言葉 ゴールイン［和製英語《わせいえいご》］ 競技《きょうぎ》などで順位《じゅんい》が決《き》まる地点《ちてん》に達《たっ》すること。得点《とくてん》を入《い》れること。結婚《けっこん》することもいう。

36

意味《いみ》と補足《ほそく》の説明《せつめい》。意味《いみ》が複数《ふくすう》に分《わ》けられる場合《ばあい》は、丸数字《まるすうじ》で示《しめ》しています。

言葉《ことば》の使《つか》い方《かた》。複数《ふくすう》の意味《いみ》に分《わ》けられる場合《ばあい》は、意味《いみ》の丸数字《まるすうじ》に対応《たいおう》しています。

和製英語《わせいえいご》。日本《にほん》でつくられた言葉《ことば》で、海外《かいがい》では通《つう》じません。

関連《かんれん》する言葉《ことば》。このほか「似《に》た言葉《ことば》」「反対《はんたい》の言葉《ことば》」もしょうかいしています。

和製英語《わせいえいご》とは…
外国語《がいこくご》を組《く》み合《あ》わせたり、日本独特《にほんどくとく》の解釈《かいしゃく》でつくられたりしたカタカナ語《ご》を「和製英語《わせいえいご》」といいます。

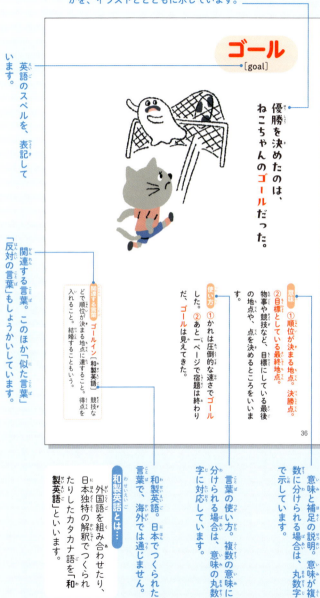

アイデア
［idea］

ポテトフライにアイス、これは、ぶうくんのアイデアです。
いがいとイケる！

意味《いみ》　考《かんが》え。思《おも》いつき。発想《はっそう》。
これから行《おこな》う事《こと》がらについて、頭《あたま》に浮《う》かんだ考《かんが》えです。「アイディア」と表記《ひょうき》することもあります。

使《つか》い方《かた》　何《なに》も考《かんが》えていないときに、すばらしいアイデアが浮《う》かぶことがある。

似《に》た言葉《ことば》　インスピレーション［inspiration］
新《あら》たな考《かんが》えや思考《しこう》がわき上《あ》がること。

アイデンティティー

［identity］

君《きみ》らしいファッションだね。
自分《じぶん》で色《いろ》つけしちゃった。
うん、自分《じぶん》のアイデンティティーを大事《だいじ》にするよ。

意味《いみ》 **その人《ひと》の個性《こせい》。**
自分《じぶん》の人格《じんかく》や個性《こせい》（好《す》きなことや、性質《せいしつ》、自分《じぶん》らしさ）として、周《まわ》りにも認《みと》められていることです。

使《つか》い方《かた》 あのときのがんばりが、自分《じぶん》のアイデンティティーを確立《かくりつ》したと思《おも》う。

関連《かんれん》する言葉《ことば》 ID《アイディー》カード［ID card］ 身分証明《みぶんしょうめい》。
ID《アイディー》は、アイデンティフィケーション［identification］の略《りゃく》で、「同一《どういつ》であることの証明《しょうめい》」という意味《いみ》。

アシスト
［assist］

パンダくんのゴールをねずみちゃんがアシストした。

※ごみはけらずに、きちんとごみ箱《ばこ》に捨《す》てましょう。

意味《いみ》 **助《たす》ける。人《ひと》の仕事《しごと》を手伝《てつだ》う。**サッカーやアイスホッケーなどのスポーツで、ゴールを決《き》める人《ひと》へシュートを打《う》つためのパスを送《おく》る、プレーや人《ひと》のこともいいます。

使《つか》い方《かた》 社長《しゃちょう》を**アシスト**するのが秘書《ひしょ》の仕事《しごと》だ。

関連《かんれん》する言葉《ことば》 **アシスタント**［assistant］ 仕事《しごと》を手伝《てつだ》う人《ひと》。助手《じょしゅ》。

アットホーム

［at home］

ここはアットホームなふんいきだね。
くつろげるね。

意味《いみ》 **家庭的《かていてき》な。**

英語《えいご》では、「家《いえ》で」「家《いえ》にいる」という意味《いみ》で使《つか》われています。「くつろげる」「家庭的《かていてき》な」という意味《いみ》では、海外《かいがい》ではあまり使《つか》いません。

使《つか》い方《かた》 心《こころ》がけているのは、**アットホーム**な環境《かんきょう》づくりだ。

似《に》た言葉《ことば》 **リラックス**［relax］ くつろぐ。ゆっくりする。

アナウンス

［announce］

ご乗車《じょうしゃ》ありがとうございます。
○線《せん》へはお乗《の》りかえください。
お忘《わす》れ物《もの》、落《お》とし物《もの》にご注意《ちゅうい》ください。
今日《きょう》も暑《あつ》くなりそうですので、
お気《き》をつけてお過《す》ごしください。
お帰《かえ》りもご乗車《じょうしゃ》お待《ま》ちしております。

ていねいすぎる
車内《しゃない》アナウンスだね。

意味《いみ》 **発表《はっぴょう》。知《し》らせること。**放送《ほうそう》やイベントなどで利用者《りようしゃ》に情報《じょうほう》を伝《つた》えることです。

使《つか》い方《かた》 迷子《まいご》の**アナウンス**をしてください。

関連《かんれん》する言葉《ことば》 **アナウンサー**［announcer］テレビやラジオでニュースを読《よ》む人《ひと》。

アマチュア
〔amateur〕

すごい技《わざ》だ！
アマチュアだなんて
信《しん》じられない。

意味《いみ》 しろうと。愛好家《あいこうか》。

アマチュアは、専門的《せんもんてき》な訓練《くんれん》を受《う》けず、また資格《しかく》をもっているわけではありません。職業《しょくぎょう》ではなく、その分野《ぶんや》で、趣味《しゅみ》として活動《かつどう》をする人《ひと》です。略語《りゃくご》は「アマ」。

使い方《つかいかた》 タカくんは、アマチュアの野球《やきゅう》チームに入《はい》っている。

反対の言葉《はんたいのことば》 プロフェッショナル〔profes-sional〕 職業《しょくぎょう》としている人《ひと》。本職《ほんしょく》。専門的《せんもんてき》な訓練《くんれん》、教育《きょういく》を受《う》けて、技術《ぎじゅつ》を身《み》につけた人《ひと》。略語《りゃくご》は「プロ」。

アラーム
［alarm］

意味《いみ》 **警報《けいほう》。危険《きけん》などを知《し》らせること。**危険《きけん》を知《し》らせる意味《いみ》のほか、目覚《めざ》まし時計《どけい》など時刻《じこく》を知《し》らせる機器《きき》をいいます。そのほか、住宅《じゅうたく》の火災《かさい》や不審者《ふしんしゃ》の侵入《しんにゅう》を知《し》らせるシステムのこともいいます。

使《つか》い方《かた》 火災報知器《かさいほうちき》の**アラーム**が鳴《な》ったため、火事《かじ》が防《ふせ》げた。

似《に》た言葉《ことば》 **アラート**［alert］ 突然《とつぜん》に、知《し》らされる警告《けいこく》。日本《にほん》では、災害《さいがい》や緊急時《きんきゅうじ》に市区《しく》町村《ちょうそん》や国《くに》から出《だ》される。「熱中症警戒《ねっちゅうしょうけいかい》アラート」などと使《つか》われる。
「アラーム」は、警報《けいほう》が鳴《な》ることを事前《じぜん》に設定《せってい》したりされたりして、知《し》らされるもの。「アラート」は、突然《とつぜん》に起《お》こることに対《たい》して知《し》らされるもの。

イレギュラー
［irregular］

相手《あいて》に当《あ》たって、まさかのオウンゴール！イレギュラーな展開《てんかい》だ。

※「オウンゴール」とは、誤《あやま》って、味方《みかた》のゴールにボールが入《はい》って得点《とくてん》になってしまうこと。

意味《いみ》 **変則的《へんそくてき》なこと。**

いつもとは違《ちが》った展開《てんかい》、予想《よそう》していなかったこと、規則正《きそくただ》しくないことをいいます。

使《つか》い方《かた》 今日《きょう》はわりと**イレギュラー**なことが多《おお》かったよ。

関連《かんれん》する言葉《ことば》 **イレギュラーバウンド**［和製英語《わせいえいご》］ 野球《やきゅう》やサッカー、テニスなどで思《おも》いもしなかった方向《ほうこう》にボールがはずむこと。

反対《はんたい》の言葉《ことば》 **レギュラー**［regular］ 規則正《きそくただ》しい、いつもの通《とお》りのこと。

インテリジェンス

［intelligence］

E=mc²
さっすが〜。インテリジェンスのかたまりだなあ。

意味《いみ》 ①知性《ちせい》。知識《ちしき》。教養《きょうよう》。②情報収集《じょうほうしゅうしゅう》。分析《ぶんせき》。

知性《ちせい》のほか、政治《せいじ》、軍事《ぐんじ》などで重要《じゅうよう》な秘密情報《ひみつじょうほう》の収集《しゅうしゅう》、分析《ぶんせき》の意味《いみ》もあります。似《に》ている言葉《ことば》の「インテリ」は、ロシア語《ご》の知的階級《ちてきかいきゅう》、かしこい人《ひと》を意味《いみ》する「インテリゲンチャ」の略語《りゃくご》。

使《つか》い方《かた》 ①かれの文章《ぶんしょう》には、インテリジェンスを感《かん》じる。②あらゆる危機《きき》に対《たい》して情報《じょうほう》を集《あつ》め、それを分析《ぶんせき》する、インテリジェンス機関《きかん》が必要《ひつよう》だ。

関連《かんれん》する言葉《ことば》

IQ《アイキュー》（インテリジェンス・クォーシェント）［intelligence quotient］ 知能指数《ちのうしすう》。知能《ちのう》の程度《ていど》を数字《すうじ》で表《あらわ》したもの。

AI《エーアイ》（アーティフィシャル・インテリジェンス）［artificial intelligence］ 人工知能《じんこうちのう》。認識《にんしき》、学習《がくしゅう》、判断《はんだん》、予測《よそく》など人間《にんげん》の思考《しこう》と同《おな》じような形《かたち》で動作《どうさ》するプログラム。

インドア
［indoor］

ぼくは
どっちかっていうと、
インドア派《は》だ。

だからといって、
そんなに小《ちい》さな小屋《こや》に
入《はい》らなくても…。

意味《いみ》 屋内《おくない》。
室内《しつない》で過《す》ごしたり、活動《かつどう》をしたりする人《ひと》のことを「インドア派《は》」ということもあります。

使《つか》い方《かた》 次回《じかい》のダンスの発表会《はっぴょうかい》はインドアだから、雨《あめ》でもだいじょうぶだ。

関連《かんれん》する言葉《ことば》 インドアスポーツ［indoor sport］
屋内《おくない》で行《おこな》うスポーツ。

反対《はんたい》の言葉《ことば》 アウトドア［outdoor］　建物《たてもの》の外《そと》。屋外《おくがい》。

インバウンド
［inbound］

このお店《みせ》は、インバウンドの旅《りょ》行《こう》客《きゃく》で、てんてこまいだ。

なので、
手伝《てつだ》いに来《き》ました、
くまだけど…。

意味《いみ》　**外《そと》から中《なか》に入《はい》ること。**

おもに旅行用語《りょこうようご》で、日本《にほん》を訪《おとず》れる旅行《りょこう》を指《さ》します。英語《えいご》の意味《いみ》は、「本国行《ほんごくい》き」で、「外《そと》から中《なか》へ」ということから、問《と》い合《あ》わせなどの電話《でんわ》がかかってくる、インターネットなどの通信《つうしん》で外《そと》からデータを受《う》けるなどの意味《いみ》もあります。

使《つか》い方《かた》　わが社《しゃ》でも、**インバウンド**客《きゃく》に対応《たいおう》するため、外国語《がいこくご》ができる人《ひと》をやとい入《い》れた。

反対《はんたい》の言葉《ことば》　**アウトバウンド**［outbound］　旅《りょ》行用語《こうようご》で、外国《がいこく》を訪《おとず》れる旅行《りょこう》を指《さ》すほか、中《なか》から外《そと》へ出《で》ていくことを表《あらわ》す。

インフラストラクチャー

［infrastructure］

意味《いみ》 人《ひと》びとの生活《せいかつ》の土台《どだい》となるもの。

道路《どうろ》、鉄道《てつどう》、上下水道《じょうげすいどう》、通信網《つうしんもう》など、人《ひと》びとの生活《せいかつ》や社会《しゃかい》を支《ささ》える基本的《きほんてき》な設備《せつび》、施設《しせつ》をいいます。日本《にほん》ではおもに略語《りゃくご》の「インフラ」を使《つか》いますが、海外《かいがい》では通《つう》じません。

使《つか》い方《かた》 交通《こうつう》インフラが整《ととの》い、移動《いどう》が楽《らく》になった。

似《に》た言葉《ことば》 ライフライン［lifeline］ 水道《すいどう》、電気《でんき》、ガスなどの日常《にちじょう》の生活《せいかつ》に必要《ひつよう》な設備《せつび》を表《あらわ》す。英語《えいご》には「命綱《いのちづな》、生命線《せいめいせん》」の意味《いみ》がある。

エキスパート
［expert］

ねずみちゃんは、
編《あ》み物《もの》のエキスパート！

意味《いみ》 あることに深《ふか》い知識《ちしき》をもって、すごい技能《ぎのう》をもつ人《ひと》。専門家《せんもんか》。

人《ひと》よりも高《たか》い技術《ぎじゅつ》や知識《ちしき》をもった人《ひと》で、専門家《せんもんか》、達人《たつじん》という意味《いみ》があります。

使《つか》い方《かた》 エキスパートへの道《みち》のりは遠《とお》い。

似《に》た言葉《ことば》 スペシャリスト［specialist］ 特《とく》定《てい》分《ぶん》野《や》に高《たか》い技術《ぎじゅつ》や能力《のうりょく》をもつ人《ひと》。専門家《せんもんか》。（61ページ）

エチケット

［etiquette］

意味《いみ》 礼儀《れいぎ》。作法《さほう》。

語源《ごげん》はフランス語《ご》。昔《むかし》、フランスで注意書《ちゅういが》きなどが書《か》かれた札《ふだ》やラベルを「エチケット（はりつけるの意味《いみ》）」と言《い》ったことからきています。

使い方《つかいかた》 せきやくしゃみをするときは、手《て》やハンカチで口《くち》をおさえるのがエチケットだ。

似た言葉《にたことば》 マナー［manner］ ぎょうぎ。作法《さほう》。

エネルギー
［energy］

自然《しぜん》由来《ゆらい》のエネルギーに期待《きたい》が高《たか》まっている。

身近《みぢか》な自然《しぜん》エネルギーの活用法《かつようほう》

日光浴《にっこうよく》
風力《ふうりょく》で船《ふね》を動《うご》かす
水力《すいりょく》で流《なが》しそうめん
地熱《じねつ》であたたまる

意味《いみ》 物《もの》が仕事《しごと》をする力《ちから》。活力《かつりょく》。

物事《ものごと》をなしとげる力《ちから》です。また物《もの》が働《はたら》くときに出《で》る力《ちから》です。たとえば、熱《ねつ》や光《ひかり》、音《おと》を出《だ》すときに必要《ひつよう》になる力《ちから》です。ドイツ語《ご》の「エナギー」由来《ゆらい》の言葉《ことば》です。

使《つか》い方《かた》 エネルギーのむだ使《づか》いはやめよう。

関連《かんれん》する言葉《ことば》 エネルギッシュ［energisch］ 元気《げんき》。活力《かつりょく》がある。

似《に》た言葉《ことば》 パワー［power］ 力《ちから》。体力《たいりょく》。
（100ページ）

オーディション
［audition］

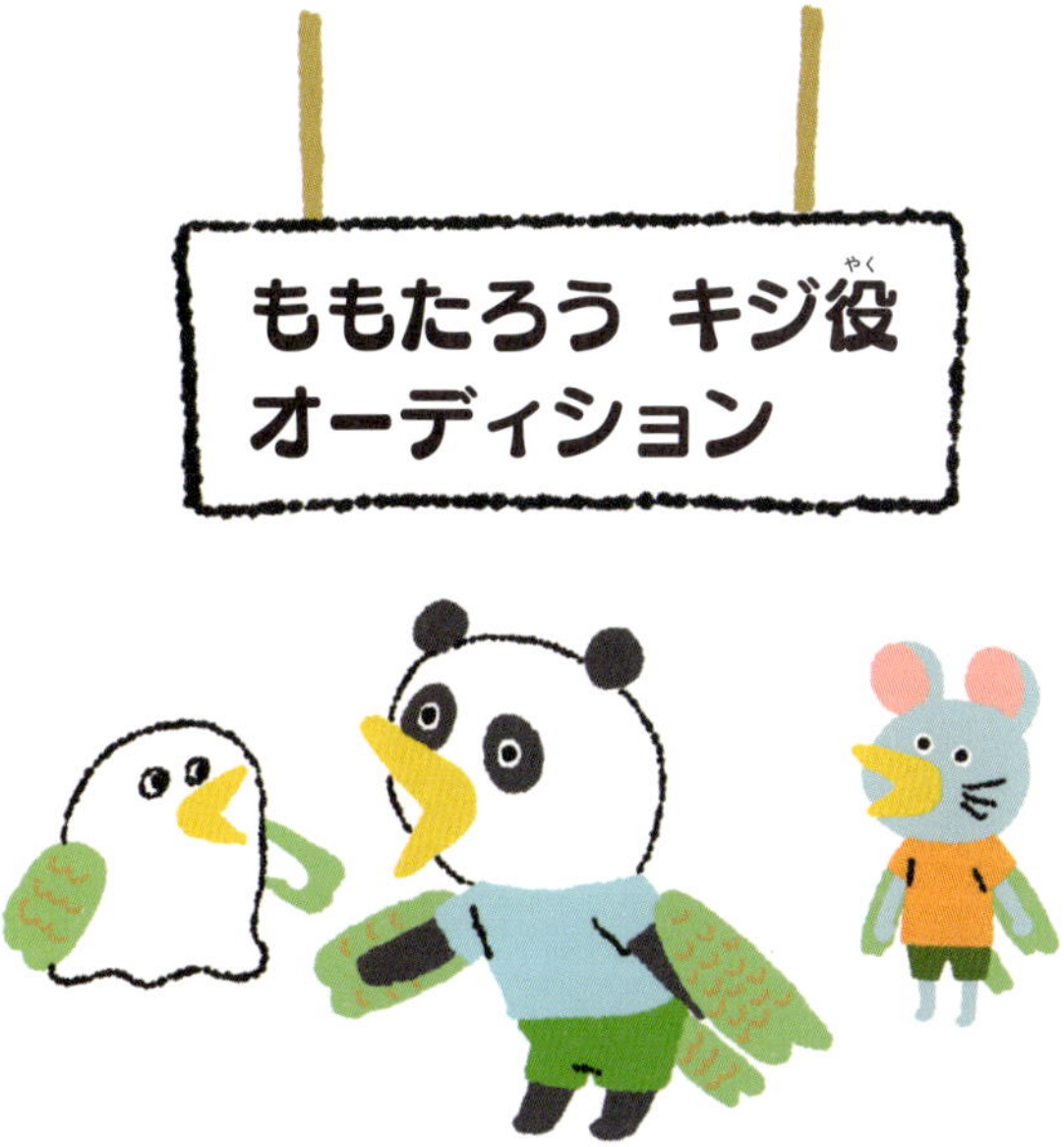

役《やく》をもらうために、**オーディション**を受《う》ける。

意味《いみ》 **面接《めんせつ》による審査《しんさ》。** 音楽《おんがく》、演劇《えんげき》、放送《ほうそう》などで使《つか》う用語《ようご》で、歌手《かしゅ》や俳優《はいゆう》などを選《えら》ぶための面接《めんせつ》テストのことです。

使《つか》い方《かた》 **オーディション**に向《む》けて、練習《れんしゅう》を重《かさ》ねる。

似《に》た言葉《ことば》
コンテスト［contest］ 参加者《さんかしゃ》をつのって、作品《さくひん》、技術《ぎじゅつ》、姿《すがた》の美《うつく》しさなどを競《きそ》うもよおし。「アマチュア無線《むせん》のコンテスト」、「ミスコンテスト」など。
コンクール［concours］ 作品《さくひん》、技術《ぎじゅつ》の優劣《ゆうれつ》を競《きそ》うもよおし。「ピアノコンクール」、「写真《しゃしん》コンクール」など。語源《ごげん》はフランス語《ご》の「競争試験《きょうそうしけん》」。

アーカイブ[archive]　①昔《むかし》の記録《きろく》。②コンピューターで関連《かんれん》するファイルをまとめて保存《ほぞん》すること。

アイコン[icon]　①偶像《ぐうぞう》。②パソコンなどに使《つか》われる絵記号《えきごう》。

アクション[action]　行動《こうどう》。動作《どうさ》。

アクセス[access]　近《ちか》づくこと。交通手段《こうつうしゅだん》。

アクセント[accent]　ある部分《ぶぶん》を強《つよ》く、高《たか》く発音《はつおん》すること。

アスリート[athlete]　運動選手《うんどうせんしゅ》。

関連《かんれん》する言葉《ことば》　**アスレチック**[athletic]　体育《たいいく》。運動《うんどう》。

アタック[attack]　攻《せ》める。攻撃《こうげき》。

アットランダム[at random]　手《て》あたり次第《しだい》に選《えら》ぶこと。

アテンド[attend]　案内《あんない》する。世話《せわ》をする。

アドバイス[advice]　忠告《ちゅうこく》。助言《じょげん》。

アピール[appeal]　うったえること。

アミューズメント[amusement]　楽《たの》しみや娯楽《ごらく》。

アルファベット[alphabet]　A《エー》、B《ビー》、C《シー》…などの26文字《もじ》。

アレルギー[allergy]　特定《とくてい》の物質《ぶっしつ》や条件《じょうけん》に対《たい》して過敏《かびん》な反応《はんのう》を示《しめ》すこと。

アレンジ[arrange]　整《ととの》える。手配《てはい》。新《あたら》しく組《く》み立《た》て直《なお》す。

アンテナ[antenna]　電波《でんぱ》を出《だ》したり受《う》けたりする装置《そうち》。

アンバランス[unbalance]　つり合《あ》いが取《と》れていない様子《ようす》。

イニシャル[initial]　ローマ字《じ》で書《か》いた名前《なまえ》の最初《さいしょ》の文字《もじ》。

イベント[event]　行事《ぎょうじ》。

イマジネーション[imagination]　想像《そうぞう》や想像力《そうぞうりょく》。

イメージ[image]　頭《あたま》でえがいた形《かたち》や様子《ようす》。

インストラクター[instructor]　指導員《しどういん》。

インスピレーション[inspiration]　とつぜんひらめく考《かんが》え。(6ページ)

インターナショナル[international]　国際的《こくさいてき》な。

インデックス[index]　さくいん。見出《みだ》し。

インテリア[interior]　室内《しつない》をかざること。

イントネーション[intonation]　話《はな》し言葉《ことば》の声《こえ》の調子《ちょうし》。

インナー[inner]　①内部《ないぶ》。②内側《うちがわ》に着《き》る服《ふく》。「インナーウェア」の略語《りゃくご》。

反対《はんたい》の言葉《ことば》　**アウター**[outer]　①外部《がいぶ》。②上《うえ》にはおる服《ふく》。「アウターウェア」の略語《りゃくご》。

インパクト[impact]　人《ひと》びとにあたえる衝撃《しょうげき》や印象《いんしょう》。

インフォメーション［information］　情報《じょうほう》。お知《し》らせ。

インフルエンサー［influencer］　影響力《えいきょうりょく》を及《およ》ぼす人《ひと》など。

ウィークエンド［weekend］　一週間《いっしゅうかん》の終《お》わり。週末《しゅうまつ》。

反対《はんたい》の言葉《ことば》 ウィークデー［weekday］　日曜《にちよう》（土曜《どよう》）以外《いがい》の日《ひ》。

ウィークポイント［weak point］　弱《よわ》いところ。

ウインドーショッピング［window-shopping］　店《みせ》の商品《しょうひん》を買《か》わずに見《み》て歩《ある》くこと。

エアコンディショナー［air conditioner］　冷房《れいぼう》や暖房《だんぼう》。空気《くうき》をきれいにする装置《そうち》。略語《りゃくご》は「エアコン」。

エスカレート［escalate］　物事《ものごと》が次第《しだい》に大《おお》きくなって激《はげ》しくなること。

エッセンシャルワーカー［essential worker］　人《ひと》びとの生活《せいかつ》を支《ささ》えるために必要不可欠《ひつようふかけつ》な職業《しょくぎょう》につく人《ひと》（医療従事者《いりょうじゅうじしゃ》、介護士《かいごし》、ごみ収集員《しゅうしゅういん》、電車運転士《でんしゃうんてんし》、郵便配達員《ゆうびんはいたついん》、バス・トラック運転手《うんてんしゅ》など）。

エピソード［episode］　人《ひと》や物《もの》についての話《はなし》。物語《ものがたり》の一部《いちぶ》。

エビデンス［evidence］　証拠《しょうこ》。物証《ぶっしょう》。

エラー［error］　失敗《しっぱい》。

エリア［area］　区域《くいき》。ある場所《ばしょ》。

エンターテインメント［entertainment］　人《ひと》を楽《たの》しませるもよおし。

オーガニック［organic］　農薬《のうやく》や化学肥料《かがくひりょう》を使《つか》わないで農作物《のうさくぶつ》をつくること。つくられた農作物《のうさくぶつ》。

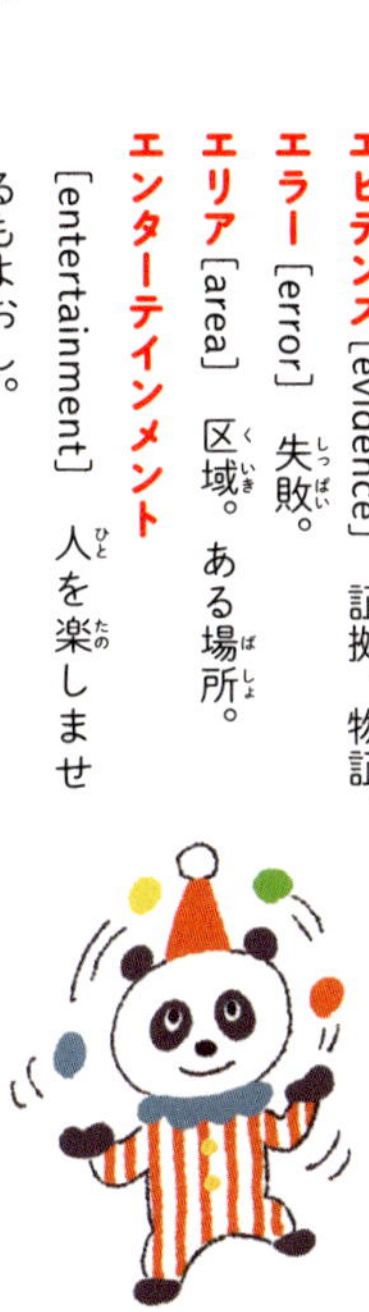

オーダー［order］　注文《ちゅうもん》すること。

オーナー［owner］　所有者《しょゆうしゃ》や持《も》ち主《ぬし》。

オーバー［over］　ある限度《げんど》を超《こ》えること。大《おお》げさな態度《たいど》、動作《どうさ》。

オフ［off］　電気《でんき》のスイッチが切《き》れている状態《じょうたい》。スポーツの試合《しあい》がないこと。反対《はんたい》の言葉《ことば》 オン［on］　スイッチが入《はい》っている状態《じょうたい》。

オブザーバー［observer］　立会人《たちあいにん》。会議《かいぎ》などを進《すす》めるために客観的《きゃっかんてき》な視点《してん》で見守《みまも》る人《ひと》。

オプション［option］　物《もの》を買《か》ったりサービスを受《う》けたりするとき、それに対《たい》してつけられる別《べつ》のもの。

オリエンテーリング［orienteering］　地図《ちず》と磁石《じしゃく》で野山《のやま》の決《き》められた通過点《つうかてん》を見《み》つけて、早《はや》くたどり着《つ》くことを競《きそ》うスポーツ。

オリジナル［original］　そのものしかない特徴《とくちょう》。原物《げんぶつ》。

ガード
［guard］

日《ひ》がさやサングラスで、紫外線《しがいせん》からはだや目《め》をガードしよう。

意味《いみ》 身《み》を守《まも》る。防《ぼう》ぎょ（守《まも》り）。攻撃《こうげき》や危険《きけん》から身《み》を守《まも》ることをいいます。

使《つか》い方《かた》 敵《てき》に攻《せ》めこまれないためには、しっかりとガードをすることだ。

関連《かんれん》する言葉《ことば》 ガードレール［guardrail］ 車道《しゃどう》と歩道《ほどう》の間《あいだ》に設置《せっち》する防護《ぼうご》さく。

似《に》た言葉《ことば》 セキュリティー［security］ 事故《じこ》や犯罪《はんざい》から命《いのち》や財産《ざいさん》を守《まも》ること。安全《あんぜん》。保証《ほしょう》。

ガイダンス
［guidance］

新《しん》入《にゅう》生《せい》のために、**ガイダンス**があった。

意味《いみ》 初《しょ》心《しん》者《しゃ》への手《て》引《び》き、指《し》導《どう》、説《せつ》明《めい》会《かい》。

新《しん》入《にゅう》生《せい》や初《しょ》心《しん》者《しゃ》、不《ふ》慣《な》れな人《ひと》のために、新《しん》生《せい》活《かつ》や学《がく》習《しゅう》のしかたを教《おし》えたり、助《じょ》言《げん》をあたえたりすることです。

使《つか》い方《かた》 進《しん》路《ろ》指《し》導《どう》のガイダンスに参《さん》加《か》した。

似《に》た言葉《ことば》 オリエンテーション［orientation］

説《せつ》明《めい》会《かい》。学《がっ》校《こう》や会《かい》社《しゃ》など新《あたら》しい環《かん》境《きょう》に慣《な》れるように行《おこな》う、規《き》則《そく》や習《しゅう》慣《かん》などを説《せつ》明《めい》する会《かい》。

ガイド
［guide］

パンダくんの仕事《しごと》は、この施設《しせつ》のガイドをすることだ。

意味《いみ》 導《みちび》く。見物人《けんぶつにん》などを案内《あんない》すること。
案内《あんない》することを表《あらわ》すほか、案内人《あんないにん》や案内《あんない》の手引《てび》き書《しょ》などをいうこともあります。

使《つか》い方《かた》 ガイドする人《ひと》の説明《せつめい》が上手《じょうず》で、修学旅行《しゅうがくりょこう》はとても勉強《べんきょう》になった。

関連《かんれん》する言葉《ことば》 ガイドブック［guidebook］ 案内書《あんないしょ》。
ガイドライン［guideline］ 計画《けいかく》を進《すす》めるときの基本的《きほんてき》な方針《ほうしん》。
ツアーガイド［tour guide］ 観光客《かんこうきゃく》に案内《あんない》をする人《ひと》。

カウンセリング

［counseling］

問題《もんだい》を解決《かいけつ》するために
カウンセリングの時間《じかん》を
とりましょう。

意味《いみ》 **なやみのある人《ひと》の相談《そうだん》にのり、助言《じょげん》する活動《かつどう》。**

専門的《せんもんてき》な知識《ちしき》をもった人《ひと》が、なやみや問題《もんだい》をかかえる人《ひと》の話《はなし》をていねいに聞《き》いて、助言《じょげん》をしたり、問題《もんだい》の糸口《いとぐち》を探《さぐ》ったりして、解決《かいけつ》できるように導《みちび》くことです。

使《つか》い方《かた》 カウンセリングにより、自分《じぶん》の長所《ちょうしょ》に気《き》づいた。

関連《かんれん》する言葉《ことば》 カウンセラー［counselor］ なやみをもつ人《ひと》の相談《そうだん》にのり、解決《かいけつ》できるように手助《てだす》けをする人《ひと》。

キーワード
［key word］

「もったいない」が環境《かんきょう》保護《ほご》のキーワードになっているね。

意味《いみ》 問題《もんだい》解決《かいけつ》や内容《ないよう》を理解《りかい》するのに手《て》がかりとなる大事《だいじ》な言葉《ことば》。また、情報《じょうほう》を検索《けんさく》するためにも使《つか》われる重要《じゅうよう》な言葉《ことば》です。キー［key］は「かぎ」、ワード［word］は「言葉《ことば》」という意味《いみ》です。

使《つか》い方《かた》 キーワードをコンピューターに入力《にゅうりょく》して、検索《けんさく》をかけよう。

関連《かんれん》する言葉《ことば》 キーパーソン［key person］ 全《ぜん》体《たい》に影響《えいきょう》を及《およ》ぼす、かぎをにぎる人物《じんぶつ》。

キャッシュ

［cash］

キャッシュは宝《たから》箱《ばこ》にしまってある。

意味《いみ》 現金《げんきん》。硬貨《こうか》や紙幣《しへい》のお金《かね》のことです。日本《にほん》では現在《げんざい》、硬貨《こうか》は六種類《ろくしゅるい》、紙幣《しへい》は四種類《よんしゅるい》あります。

使《つか》い方《かた》 ここは、キャッシュで代金《だいきん》をはらわなくてもだいじょうぶだ。

関連《かんれん》する言葉《ことば》 キャッシュディスペンサー［cash dispenser］ 現金《げんきん》を引《ひ》き出《だ》せる機械《きかい》。自動支《じどうし》払機《はらいき》。

似《に》た言葉《ことば》 コイン［coin］ 金属《きんぞく》でつくられたお金《かね》。硬貨《こうか》。

キャンプ
［camp］

湖《みずうみ》で行《おこな》われる魚《さかな》つり大会《たいかい》のためにキャンプしました。

意味《いみ》 ①野外《やがい》でテントなどをはって過《す》ごすこと。②訓練《くんれん》する場所《ばしょ》。

家族《かぞく》や友人《ゆうじん》などが集《あつ》まって行《おこな》う、野外《やがい》での遊《あそ》び、また、その場所《ばしょ》。テントや小屋《こや》のこともいいます。学校《がっこう》の夏休《なつやす》みなどを利用《りよう》して行《おこな》われることもあります。

使《つか》い方《かた》 ①週末《しゅうまつ》のキャンプのために、みんなで食料《しょくりょう》を買《か》い出《だ》しに行《い》く。②春休《はるやす》みに、野球《やきゅう》チームのキャンプを見《み》に行《い》く。

関連《かんれん》する言葉《ことば》 キャンプファイヤー［campfire］
キャンプ地《ち》で、夜《よる》にたきびをしてその周《まわ》りで語《かた》ったり、遊《あそ》んだりすること。

クラス
［class］

パンダくんって英会話《えいかいわ》の成績《せいせき》がクラスで一番《いちばん》なんだって。
すごいよね～。

意味《いみ** ①学校《がっこう》の組《くみ》。②階級《かいきゅう》。段階《だんかい》。

学校《がっこう》や教育機関《きょういくきかん》の授業《じゅぎょう》や講義《こうぎ》のほか、分《わ》けられたグループのことをいいます。また、成績《せいせき》の「トップ（［top］82ページ）クラス」や飛行機《ひこうき》の座席《ざせき》の「エコノミー（［economy］普通料金《ふつうりょうきん》）クラス」など、階級《かいきゅう》を表《あらわ》します。

使《つか》い方《かた》 ①先週《せんしゅう》の土曜日《どようび》にクラス会《かい》がありました。②かれはいつもトップクラスの成績《せいせき》だ。

関連《かんれん》する言葉《ことば》 クラスメート［classmate］ 同《おな》じ学級《がっきゅう》にいる友《とも》だち。

クリーン
［clean］

空気《くうき》清浄機《せいじょうき》で、
部屋《へや》の空気《くうき》が
クリーンになった。
CLEAN

意味《いみ》 きれい。よごれていない様子《ようす》。きれいな様子《ようす》を表《あらわ》すことから、鮮《あざ》やかな様子《ようす》、見事《みごと》なことも表《あらわ》します。

使《つか》い方《かた》 太陽光《たいようこう》や河川《かせん》・海水《かいすい》を利用《りよう》した自然《しぜん》エネルギーは、温室効果《おんしつこうか》ガスを出《だ》さずにクリーンだ。

関連《かんれん》する言葉《ことば》 クリーナー［cleaner］ 電気掃除機《でんきそうじき》。汚《よご》れを取《と》る道具《どうぐ》や洗剤《せんざい》。
クリーニング［cleaning］ そうじ。洗濯《せんたく》。

グループ
［group］

りんごは、どのグループに入《はい》るでしょう？

意味《いみ》 ①集《あつ》まり。集団《しゅうだん》。②同系列《どうけいれつ》の企《き》業《ぎょう》。

なんらかの共通点《きょうつうてん》をもつ集《あつ》まりや集団《しゅうだん》をいいます。

使《つか》い方《かた》 ①仲《なか》よしグループで集《あつ》まって、ご飯《はん》を食《た》べた。②○○社《しゃ》は、資本系列《しほんけいれつ》を同《おな》じくする××グループの会社《かいしゃ》です。

関連《かんれん》する言葉《ことば》 グルーピング［grouping］ グループに分《わ》けること。

クレーム
［claim］

お客《きゃく》さまからのクレームは、次《つぎ》の接《せっ》客《きゃく》にいかそう。

おいしくて、食《た》べすぎちゃう。また太《ふと》っちゃうじゃない！

意味《いみ》 不満《ふまん》に感《かん》じる商品《しょうひん》やサービスを改善《かいぜん》するように、提供者《ていきょうしゃ》に要求《ようきゅう》すること。苦情《くじょう》。
英語《えいご》では、「主張《しゅちょう》する」「請求《せいきゅう》する」という意味《いみ》で、不満《ふまん》や苦情《くじょう》という意味《いみ》はありません。

使《つか》い方《かた》 クレームは言《い》うほうも、受《う》けるほうもいい気持《きも》ちはしない。

関連《かんれん》する言葉《ことば》 クレーマー［claimer］ 苦情《くじょう》を言《い》う人《ひと》。英語《えいご》では「請求者《せいきゅうしゃ》」の意味《いみ》。

グローバル

［global］

かれはグローバルな活《かつ》やくをしている。

意味《いみ》 **全世界的《ぜんせかいてき》。地球規模《ちきゅうきぼ》。**

世界中《せかいじゅう》、地球全体《ちきゅうぜんたい》というような規模《きぼ》を表《あらわ》します。国《くに》という枠《わく》を越《こ》えて、地球《ちきゅう》まるごとという意味《いみ》です。

使《つか》い方《かた》 地球温暖化《ちきゅうおんだんか》は、グローバルな問《もん》題《だい》として、世界各国《せかいかっこく》で取《と》り組《く》む必要《ひつよう》がある。

関連《かんれん》する言葉《ことば》 グローバリゼーション［globalization］　地球一体化《ちきゅういったいか》。政治《せいじ》、経済《けいざい》、文化《ぶんか》が国《くに》や地域《ちいき》を越《こ》えて一体化《いったいか》すること。フランスやドイツ、イタリアなどが、ＥＵ《イーユー》（欧州連合《おうしゅうれんごう》。153ページ）という仲間《なかま》になったことは一《ひと》つの例《れい》。

似《に》た言葉《ことば》 ワールドワイド［worldwide］　世界的《せかいてき》な広《ひろ》がり。視野《しや》や行動《こうどう》が世界《せかい》に広《ひろ》がること。

ゴール
［goal］

優勝《ゆうしょう》を決《き》めたのは、ねこちゃんのゴールだった。

意味《いみ》 ①順位《じゅんい》が決《き》まる地点《ちてん》。決勝点《けっしょうてん》。②目標《もくひょう》としている最終地点《さいしゅうちてん》。物事《ものごと》や競技《きょうぎ》など、目標《もくひょう》にしている最後《さいご》の地点《ちてん》や、点《てん》を決《き》めるところをいいます。

使《つか》い方《かた》 ①かれは圧倒的《あっとうてき》な速《はや》さでゴールした。②あと一《いち》ページで宿題《しゅくだい》は終《お》わりだ、ゴールは見《み》えてきた。

関連《かんれん》する言葉《ことば》 ゴールイン［和製英語《わせいえいご》］ 競技《きょうぎ》などで順位《じゅんい》が決《き》まる地点《ちてん》に達《たっ》すること。得点《とくてん》を入《い》れること。結婚《けっこん》することもいう。

ゴシップ
［gossip］

仲間《なかま》だけでしゃべるゴシップは楽《たの》しいけど、あまり人《ひと》には話《はな》さないほうがいいよ。
パンダくんは宇宙人《うちゅうじん》かもしれない。

意味《いみ》 うわさ話《ばなし》。興味本位《きょうみほんい》の話《はなし》。あまり人《ひと》に知《し》られたくない、個人的《こじんてき》な内容《ないよう》の話《はなし》。くだらない話《はなし》、雑談《ざつだん》などの意味《いみ》もあります。

例文《れいぶん》 今週発売《こんしゅうはつばい》の雑誌《ざっし》にあの政治家《せいじか》のゴシップ記事《きじ》が載《の》っている。

似《に》た言葉《ことば》 スキャンダル［scandal］ よくないうわさ。

「ゴシップ」は、有名人《ゆうめいじん》や身近《みぢか》な人《ひと》などについて、おもしろおかしく語《かた》られるうわさ話《ばなし》のこと。「スキャンダル」は、有名人《ゆうめいじん》や名《な》が知《し》られている人《ひと》の立場《たちば》をおびやかすような、よくない行動《こうどう》や事件《じけん》。また、それについてのうわさ話《ばなし》。

コピー
［copy］

ぶうくん三《さん》きょうだいは、コピーのようにそっくりだ！

意味《いみ》 ①書類《しょるい》などの写《うつ》しや複写《ふくしゃ》。②広告《こうこく》の文章《ぶんしょう》。

もと同《おな》じようにつくることやつくったもの、写《うつ》し取《と》ることをいいます。また、商品《しょうひん》の用途《ようと》や売《う》り出《だ》しの言葉《ことば》をわかりやすく簡潔《かんけつ》にした文章《ぶんしょう》のことも表《あらわ》します。

使《つか》い方《かた》 ①その書類《しょるい》のコピーをお願《ねが》いします。②この広告《こうこく》のコピーは、商品《しょうひん》のよさがわかりやすいね。

関連《かんれん》する言葉《ことば》 コピーアンドペースト［copy and paste］ コンピューター用語《ようご》で、文章《ぶんしょう》や画像《がぞう》を複製《ふくせい》（コピー）して、別《べつ》の場所《ばしょ》にはりつける（ペースト）こと。略語《りゃくご》は「コピペ」。

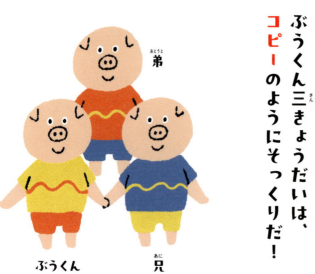

コミュニケーション

［communication］

みんなとうまく
コミュニケーションを
とりたいなあ。

意味《いみ》 気持《きも》ちや情報《じょうほう》を伝《つた》え合《あ》うこと。やりとり。伝達《でんたつ》。

言葉《ことば》や手紙《てがみ》、文書《ぶんしょ》などで自分《じぶん》の意思《いし》や気持《きも》ちを伝《つた》えたり、相手《あいて》を理解《りかい》したりすることです。おたがいのつながりを組《く》み立《た》てていくことをいいます。

使《つか》い方《かた》 タカくんはきさくな人《ひと》なので、どんな人《ひと》とでもコミュニケーションをとるのが上手《じょうず》だ。

関連《かんれん》する言葉《ことば》 コミュニティー［community］ある地域《ちいき》や場所《ばしょ》にいる人《ひと》たちによるつながりや社会《しゃかい》。

コメディー
［comedy］

一人《ひとり》だけ水着《みずぎ》で来《き》ていて、なんだかコメディーみたいだ！

意味《いみ》 おもしろい出《だ》し物《もの》、劇《げき》。ユーモア。ラジオやテレビの番組《ばんぐみ》、演劇《えんげき》、映画《えいが》などで行《おこな》われる、人《ひと》を笑《わら》わせるための出《だ》し物《もの》。ギリシャ語《ご》の「祭《まつ》りの行列《ぎょうれつ》」と「歌《うた》」を合《あ》わせた意味《いみ》の、「コモイディア」が語源《ごげん》です。

使《つか》い方《かた》 どちらかといえば、コメディー映画《えいが》が好《す》きです。

関連《かんれん》する言葉《ことば》 コメディアン［comedian］ 喜劇《きげき》俳優《はいゆう》。人《ひと》を笑《わら》わせる芸人《げいにん》。

似《に》た言葉《ことば》 ギャグ［gag］ じょうだん。おもしろい言葉《ことば》。悪《わる》ふざけ。「コメディー」は内容《ないよう》に物語性《ものがたりせい》があるが、「ギャグ」は合間《あいま》にはさむ、おもしろい動作《どうさ》、せりふなど。

コメント
［comment］

グルメレポーター並《なみ》のコメントだ！
んん！この○×県産《けんさん》の△牛《ぎゅう》の肩《かた》ロース、ほどよい食感《しょっかん》と濃厚《のうこう》な味《あじ》！まろやかなデミグラスソースは、かくし味《あじ》にしょうゆが入《はい》っているのかな。

意味《いみ》 **意見《いけん》。感想《かんそう》。解説《かいせつ》をすること。**あることについて、考《かんが》えや解説《かいせつ》、またそれらを述《の》べることです。

使《つか》い方《かた》 その件《けん》については、私《わたし》はわからないので、ノー**コメント**（コメントはしない）。

関連《かんれん》する言葉《ことば》
コメンテーター［commentator］意見《いけん》を言《い》ったり、解説《かいせつ》や説明《せつめい》をしたりする人《ひと》。ニュースの解説者《かいせつしゃ》。

コンテンツ
〔contents〕

このゲームは、みんなが夢中《むちゅう》になるコンテンツが、たくさんあるね。

意味《いみ》 中身《なかみ》。内容《ないよう》。情報《じょうほう》や知識《ちしき》を伝《つた》える要素《ようそ》。

インターネットやテレビ、書籍《しょせき》、音楽《おんがく》、ゲームなどで伝《つた》えられる内容《ないよう》。

例文《れいぶん》 コンテンツを充実《じゅうじつ》させないと、だれもホームページを見《み》てくれない。

関連《かんれん》する言葉《ことば》

モバイルコンテンツ〔mobile contents〕 スマートフォン、タブレットなどの機器《きき》で利用《りよう》できる、ゲーム、地図《ちず》、料理《りょうり》のつくり方《かた》など。

ウェブコンテンツ〔web content〕 ホームページなどウェブサイトに掲載《けいさい》されている情報《じょうほう》。

コントロール
［control］

ボールを打《う》つ方向《ほうこう》を**コントロール**するのが得意《とくい》だ。

意味《いみ》 ①操作《そうさ》。調整《ちょうせい》。②投《な》げたり、打《う》ったりするボールの方向《ほうこう》や力《ちから》をうまく扱《あつか》うこと。

自分《じぶん》の意志《いし》で、物事《ものごと》をある方向《ほうこう》に進《すす》めるように調整《ちょうせい》、管理《かんり》することです。

使《つか》い方《かた》 ①野菜《やさい》がよく育《そだ》つように温室内《おんしつない》の温度《おんど》を**コントロール**しよう。②あのピッチャーは、**コントロール**がいいな。

関連《かんれん》する言葉《ことば》 **コントロールタワー**［control tower］ 空港《くうこう》で、飛行機《ひこうき》の離陸《りりく》や着陸《ちゃくりく》などを指示《しじ》する施設《しせつ》。管制塔《かんせいとう》。

セルフコントロール［self-control］ 自分《じぶん》の感情《かんじょう》や行動《こうどう》を調整《ちょうせい》すること。自制心《じせいしん》。

ア
カ
サ
タ・ナ
ハ
マ
ヤ・ラ・ワ

ガーデン［garden］　庭《にわ》や庭園《ていえん》。関連《かんれん》する言葉《ことば》　**ガーデニング**［gardening］　庭《にわ》や花《か》だんを手入《てい》れすること。

カート［cart］　物《もの》を運《はこ》ぶのに使《つか》う手押《てお》し車《ぐるま》。

カウント［count］　数《かず》を数《かぞ》えること。

カジュアル［casual］　服装《ふくそう》、ふんいきなどが気軽《きがる》な様子《ようす》。

カット［cut］　①切《き》ること。②小《ちい》さなさし絵《え》。一場面《ひとばめん》。

似《に》た言葉《ことば》　**イラスト**　書籍《しょせき》などにかかれる図《ず》や絵《え》。「イラストレーション［illustration］」の略語《りゃくご》。

カリキュラム［curriculum］　学習《がくしゅう》の内容《ないよう》を計画《けいかく》したもの。

カリスマ［charisma］　人《ひと》びとの心《こころ》をひきつけるような並外《なみはず》れた才能《さいのう》や能力《のうりょく》。語源《ごげん》はギリシャ語《ご》の「神《かみ》の恵《めぐ》み」。

カルチャー［culture］　教養《きょうよう》。文化《ぶんか》。様式《ようしき》。芸術《げいじゅつ》。

キャッチ［catch］　とらえる。受《う》け取《と》る。

ギャップ［gap］　考《かんが》え方《かた》、感情《かんじょう》、意見《いけん》のへだたり、違《ちが》い。すき間《ま》。

キャラクター［character］　性格《せいかく》。人物像《じんぶつぞう》。登場人物《とうじょうじんぶつ》。

ギャラリー［gallery］　絵画《かいが》などを見《み》せる場所《ばしょ》。観客《かんきゃく》。

キャリア［career］　仕事《しごと》の経験《けいけん》。職歴《しょくれき》。

キャンセル［cancel］　予約《よやく》や約束《やくそく》などを取《と》り消《け》すこと。

キャンパス［campus］　大学《だいがく》の構内《こうない》。

クーポン［coupon］　切《き》り取《と》って使《つか》う紙《かみ》。乗車券《じょうしゃけん》、割引券《わりびきけん》など。語源《ごげん》はフランス語《ご》の「切《き》る」。

クール［cool］　①すずしい。②冷静《れいせい》で落《お》ち着《つ》いている様子《ようす》。③かっこいい。すてき。

クオリティー［quality］　品質《ひんしつ》。価値《かち》。資質《ししつ》。

グッズ［goods］　商品《しょうひん》。品物《しなもの》。小物《こもの》。

クライマックス［climax］　もり上《あ》がる場面《ばめん》。やま場《ば》。

クラウドファンディング［crowd funding］　インターネットを通《つう》じて多数《たすう》の人《ひと》から資金《しきん》を募《つの》ること。「クラウド［crowd］（おおぜいの人《ひと》）」と「ファンディング［funding］（資金調達《しきんちょうたつ》）」を合《あ》わせてつくられた言葉《ことば》。

クラシック［classic］　昔《むかし》ふうのよさをもっていること。古典的《こてんてき》な芸術作品《げいじゅつさくひん》。

グラデーション［gradation］　色《いろ》や明《あか》るさの段階的《だんかいてき》な変化《へんか》。ぼかし。

クラブ［club］　①同《おな》じめあてをもった人《ひと》の集《あつ》まり。②ゴルフの球《たま》を打《う》つ道具《どうぐ》。

クリアー［clear］　①はっきりすること。きれいなこと。②ピンチをしのぐこと。乗《の》り越《こ》えること。③走《はし》り高跳《たかと》びやハードル競技《きょうぎ》で飛《と》び越《こ》えること。

グルメ［gourmet］　料理《りょうり》や素材《そざい》にくわしい人《ひと》。美食家《びしょくか》。評判《ひょうばん》の高《たか》い料理《りょうり》。語源《ごげん》はフランス語《ご》の「ワインにくわしい人《ひと》」。

クローズアップ［close-up］　①テレビや映画《えいが》で大《おお》きく映《うつ》すこと。②特定《とくてい》の事《こと》がらを大《おお》きく扱《あつか》うこと。

ケア［care］　手入《てい》れ。世話《せわ》をすること。注意《ちゅうい》。配慮《はいりょ》。

ゲート［gate］　①門《もん》。出入口《でいりぐち》。②競馬《けいば》のスタート地点《ちてん》で馬《うま》を入《い》れる仕切《しき》り。

ゲーム［game］　遊《あそ》び。試合《しあい》や競技《きょうぎ》。　関連《かんれん》する言葉《ことば》　ゲームセット［和製英語《わせいえいご》］　勝負《しょうぶ》がつくこと。

ゲスト［guest］　お客《きゃく》。もてなす相手《あいて》。　反対《はんたい》の言葉《ことば》　ホスト［host］　主人《しゅじん》。客《きゃく》をもてなす人《ひと》。

コース［course］　①道筋《みちすじ》。競技《きょうぎ》の走路《そうろ》や泳路《えいろ》。②教育《きょういく》の過程《かてい》。

コーチ［coach］　教《おし》える人《ひと》。指導者《しどうしゃ》。

コーディネート［coordinate］　服《ふく》や家具《かぐ》など、全体《ぜんたい》の調和《ちょうわ》がよくなる組《く》み合《あ》わせを考《かんが》えること。

コーナー［corner］　①すみ。②曲《ま》がり角《かど》。一区切《ひとくぎ》りした場所《ばしょ》。

特定《とくてい》の場所《ばしょ》。

コスト［cost］　値段《ねだん》。商品《しょうひん》をつくるためにかかる費用《ひよう》。　関連《かんれん》する言葉《ことば》　コストパフォーマンス［cost performance］　費用《ひよう》に対《たい》して得《え》られる価値《かち》や成果《せいか》。略語《りゃくご》は「コスパ」。（144ページ）

コネクション［connection］　何《なに》かの伝手《つて》となること。つながり。関連《かんれん》。略語《りゃくご》は「コネ」。

コマーシャル［commercial］　商品《しょうひん》を売《う》るための宣伝《せんでん》。略語《りゃくご》は「CM《シーエム》」。

コラボレーション［collaboration］　共《とも》に働《はたら》く。協力《きょうりょく》する。共同《きょうどう》制作《せいさく》。「コラボ」は略語《りゃくご》。

コレクション［collection］　趣味《しゅみ》で集《あつ》めたもの。　関連《かんれん》する言葉《ことば》　コレクター［collector］　収集家《しゅうしゅうか》。

コンサート［concert］　音楽会《おんがくかい》や演奏会《えんそうかい》。

コンセンサス［consensus］　意見《いけん》の一致《いっち》。合意《ごうい》。

コンディション［condition］　健康状態《けんこうじょうたい》。状況《じょうきょう》。体調《たいちょう》。天候《てんこう》の様子《ようす》。条件《じょうけん》。

コンパクト［compact］　小型《こがた》の。

コンプライアンス［compliance］　社会規範《しゃかいきはん》、社会道徳《しゃかいどうとく》に従《したが》うこと。法令遵守《ほうれいじゅんしゅ》。

コンプレックス［complex］　人《ひと》より劣《おと》っていると感《かん》じること。英語《えいご》では「複雑《ふくざつ》」という意味《いみ》。

サスティナブル
［sustainable］

地球《ちきゅう》があたたかくなりすぎる。
食《た》べ物《もの》がなくなる。
自然《しぜん》がなくなる。

これからも、みんなが幸《しあわ》せに暮《く》らしていけるよう、サスティナブルな地球《ちきゅう》環境《かんきょう》を目指《めざ》そう。

意味《いみ》 持続《じぞく》可能《かのう》な（ずっと続《つづ》けていける）。

今《いま》、世界《せかい》で起《お》こっている貧困《ひんこん》、紛争《ふんそう》、気候《きこう》変動《へんどう》、感染症《かんせんしょう》などの危機《きき》を前《まえ》に、自然《しぜん》環境《かんきょう》や人間《にんげん》の活動《かつどう》などを、そのままずっと続《つづ》けていけることを表《あらわ》します。英語《えいご》で「持続《じぞく》する、保《たも》つ［sustain］」と「〜できる［—able］」を組《く》み合《あ》わせた言葉《ことば》で、「持《も》ちこたえられる」「維持《いじ》できる」という意味《いみ》です。

使《つか》い方《かた》 環境《かんきょう》問題《もんだい》を考《かんが》えることは、サスティナブルな社会《しゃかい》づくりにつながる。

サポート
［support］

きつい登《のぼ》り坂《ざか》、
ぶうくんを
サポートしよう。

意味《いみ》 **支《ささ》える。応援《おうえん》する。**人《ひと》や物《もの》がたおれたり、落《お》ちたりしないように力《ちから》をそえたり、また、活動《かつどう》を応《おう》援《えん》することにも使《つか》います。

使《つか》い方《かた》 いつも**サポート**してくれる両親《りょうしん》に感謝《かんしゃ》しています。

関連《かんれん》する言葉《ことば》 **サポーター**［supporter］①ひいきのチームや人《ひと》を応援《おうえん》する人《ひと》。②手足《てあし》などを、けがから守《まも》る厚《あつ》めの包帯《ほうたい》。

ジェンダー
［gender］

男《おとこ》の子《こ》らしく、女《おんな》の子《こ》らしくってどういうこと?
人《ひと》が言《い》うジェンダーにとらわれることはないよ。

意味《いみ》 **社会的《しゃかいてき》、文化的《ぶんかてき》な性《せい》。男女《だんじょ》の違《ちが》い。**生《う》まれもった性別《せいべつ》に対《たい》して、社会的《しゃかいてき》・歴史的《れきしてき》につくられてきた男女像《だんじょぞう》。男子《だんし》は怪獣《かいじゅう》が好《す》き、女子《じょし》は人形《にんぎょう》が好《す》きなどのように、世《よ》の中《なか》でつくられてきた考《かんが》え。

使《つか》い方《かた》 **ジェンダー**に関《かん》する考《かんが》え方《かた》は、時代《じだい》によって変《か》わる。

関連《かんれん》する言葉《ことば》 **ジェンダーフリー**〔和製英語《わせいえいご》〕 社会的《しゃかいてき》、文化的《ぶんかてき》につくられた性《せい》による差別《さべつ》をなくすことを目指《めざ》す考《かんが》え。
ジェンダーバイアス〔gender bias〕 今《いま》までの社会《しゃかい》でつくられた、男《おとこ》らしさ、女《おんな》らしさにとらわれた考《かんが》えや行動《こうどう》のこと。

シニア

［senior］

おじいちゃんは、ゴルフのシニア大会《たいかい》に出場《しゅつじょう》します。

意味《いみ》 年長者《ねんちょうしゃ》。上級者《じょうきゅうしゃ》。

日本語《にほんご》では、年上《としうえ》の、上位《じょうい》などの意味《いみ》があり、「シニア割《わ》り引《び》き」「シニア優待《ゆうたい》」など、おもに高齢者《こうれいしゃ》を表《あらわ》す言葉《ことば》として使《つか》われます。英語《えいご》には、最上級生《さいじょうきゅうせい》、最終学年《さいしゅうがくねん》の意味《いみ》があります。「より年上《としうえ》の」「より上級《じょうきゅう》の」という意味《いみ》のラテン語《ご》が語源《ごげん》です。

使《つか》い方《かた》 A《エー》市《し》のバスは、70歳《さい》からのシニア割《わ》り引《び》きがあります。

関連《かんれん》する言葉《ことば》 シニアドライバー［senior driver］ 高齢《こうれい》の運転者《うんてんしゃ》。英語《えいご》では「エルダリードライバー［elderly driver］」ともいう。

反対《はんたい》の言葉《ことば》 ジュニア［junior］ 年少者《ねんしょうしゃ》。下級《かきゅう》の者《もの》。むすこ。

ジャーナリスト
［journalist］

意味《いみ》 **社会《しゃかい》で起《お》こったことを、人《ひと》びとに伝《つた》える活動《かつどう》をする人《ひと》。**事故《じこ》、事件《じけん》、出来事《できごと》を伝《つた》えようと、新聞《しんぶん》、雑誌《ざっし》、ラジオ、テレビ、ネットニュースなどで記事《きじ》を書《か》いたり、伝《つた》えたり、編集《へんしゅう》したりする人《ひと》をいいます。

使《つか》い方《かた》 **ジャーナリスト**は、スポーツ、政治《せいじ》、経済《けいざい》、医療《いりょう》などいろいろな分野《ぶんや》を専門的《せんもんてき》にあつかいます。

関連《かんれん》する言葉《ことば》 **ジャーナリズム**［journalism］ 社会《しゃかい》で起《お》こった事故《じこ》、事件《じけん》、出来事《できごと》について新聞《しんぶん》、雑誌《ざっし》、ラジオ、テレビなどで報道《ほうどう》、解説《かいせつ》を行《おこな》う活動《かつどう》や組織《そしき》。

シャープ

［sharp］

トマトもすいすい切《き》れる！
この包丁《ほうちょう》は、シャープな切《き》れ味《あじ》で、かぼちゃも真《ま》っ二《ぷた》つ！

意味《いみ》 するどい。とがった様子《ようす》。かしこい、さえている様子《ようす》を表《あらわ》すこともあります。また、音楽《おんがく》では、ある音《おと》を半音《はんおん》だけ高《たか》くすることで、記号《きごう》は「#」を用《もち》います。

使《つか》い方《かた》 この絵《え》の、シャープな線《せん》がいいね。

関連《かんれん》する言葉《ことば》 シャープペンシル［和製英語《わせいえいご》］ 細《ほそ》い芯《しん》を押《お》し出《だ》して書《か》く筆記用具《ひっきようぐ》。英語《えいご》では「メカニカルペンシル［mechanical pencil］」という。

反対《はんたい》の言葉《ことば》 フラット［flat］ 平《たい》らなこと。何事《なにごと》もなく、おだやかなこと。音楽《おんがく》では、ある音《おと》を半音《はんおん》だけ低《ひく》くすることで、記号《きごう》は「♭」。

ジャンル
［genre］

本《ほん》をジャンル別《べつ》に整理《せいり》しよう。

意味《いみ》 種類《しゅるい》。分野《ぶんや》。

おもに文学《ぶんがく》、演劇《えんげき》などの芸術作品《げいじゅつさくひん》が内《ない》容《よう》、様式《ようしき》によって区別《くべつ》された種類《しゅるい》のこと。たとえば小説《しょうせつ》なら、歴史《れきし》、推理《すいり》、青春《せいしゅん》、SF《エスエフ》、ミステリーなどの種類《しゅるい》があります。語源《ごげん》は「種属《しゅぞく》」を意味《いみ》するフランス語《ご》です。

使《つか》い方《かた》 好《す》きな音楽《おんがく》のジャンルはなんですか？

似《に》た言葉《ことば》 グループ［group］ 集《あつ》まり。集《しゅう》団《だん》。（33ページ）

ショート
[short]

意味《いみ》 ①短《みじか》い。②野球《やきゅう》の守備《しゅび》位置《いち》の一《ひと》つ。

おもに物《もの》の長《なが》さ、距離《きょり》、期間《きかん》が短《みじか》いことを表《あらわ》します。また、野球《やきゅう》で、セカンド（二塁《にるい》）とサード（三塁《さんるい》）の間《あいだ》の守備《しゅび》位置《いち》のこと（遊撃手《ゆうげきしゅ》）をいいます。

使《つか》い方《かた》 ①夏《なつ》は、ショート丈《たけ》パンツがすずしい。②今日《きょう》は、タカくんは、ケイくんの代《か》わりにショートを守《まも》った。

反対《はんたい》の言葉《ことば》 ロング[long] 長《なが》い。長時間《ちょうじかん》。

シングル
［single］

三人家族《さんにんかぞく》なので、**シングル**ベッドが三《みっ》つある。

※ベッド［bed］ 寝台《しんだい》。マットレスや毛布《もうふ》などを敷《し》いて寝《ね》る台《だい》。

意味《いみ》 **一《ひと》つ。一人《ひとり》。** ホテルの一人用《ひとりよう》の部屋《へや》、ベッドなどのほか、結婚《けっこん》していない人《ひと》などを表《あらわ》します。また、野球《やきゅう》で打者《だしゃ》が一塁《いちるい》に行《い》くことのできるヒットを「シングルヒット」といいます。

使《つか》い方《かた》 **シングル**の部屋《へや》をお願《ねが》いします。

関連《かんれん》する言葉《ことば》 **シングルス**［singles］ テニスなどで一対一《いちたいいち》で行《おこな》う試合《しあい》。

反対《はんたい》の言葉《ことば》 **ダブル**［double］ 二《ふた》つ。二重《にじゅう》の。二人用《ふたりよう》。

ダブルス［doubles］ テニスなどで二対二《にたいに》で行《おこな》う試合《しあい》。

スーパー
［super］

かれはぼくにとって、スーパーヒーローなんだ。
わあ、助《たす》かった！

※ヒーロー［hero］ 英雄《えいゆう》。（117ページ）

意味 ①飛《と》びぬけてすぐれていること。特大《とくだい》。②「スーパーマーケット」の略《りゃく》。

とても、超越《ちょうえつ》した、すごい様子《ようす》を意味《いみ》します。また、売《う》り場《ば》が広《ひろ》く、食料品《しょくりょうひん》、日用雑貨品《にちようざっかひん》などを、客《きゃく》が選《えら》んで支払《しはら》う「スーパーマーケット［super market］」の略語《りゃくご》としても使《つか》います。

使い方 ①ショウヘイは、スーパースター（［star］人気《にんき》のある人《ひと》。67ページ）だ。②駅前《えきまえ》のスーパーは少《すこ》し高《たか》いが、交通《こうつう》が便利《べんり》なのでいつも混《こ》んでいる。

関連する言葉 スーパーマン［superman］ 並外《なみはず》れた能力《のうりょく》をもった人《ひと》。

スクープ
［scoop］

くまくんが大《だい》スクープを撮《と》った！

意味《いみ》 ①最新《さいしん》の情報《じょうほう》をほかの雑誌《ざっし》、新聞《しんぶん》より早《はや》く記事《きじ》にすること。またその情報《じょうほう》。②一《ひと》すくいの量《りょう》。

新聞《しんぶん》、雑誌《ざっし》、テレビなどが独占的《どくせんてき》につかんで報道《ほうどう》する情報《じょうほう》のことですが、英語《えいご》では「スプーンやシャベルで物《もの》をすくう」という意味《いみ》があります。そこからアイスクリームなどを一《ひと》すくいした量《りょう》を示《しめ》します。

使《つか》い方《かた》 ①〇〇新聞《しんぶん》は、△△グループの解散《かいさん》をいち早《はや》くスクープした。②チョコチップアイスは、ワン（一《いち》）スクープ三百円《さんびゃくえん》です。

スクール
［school］

習《なら》い事《ごと》で人気《にんき》なのは、スイミング**スクール**だ。

※スイミング［swimming］　水泳《すいえい》。

意味《いみ》　学校《がっこう》。学《まな》ぶ場所《ばしょ》。

建物《たてもの》としての学校《がっこう》という意味《いみ》のほか、「英会話《えいかいわ》スクール」「サッカースクール」などのように特別《とくべつ》な技能《ぎのう》を学《まな》べる学校《がっこう》を指《さ》します。

使《つか》い方《かた》　八月三日《はちがつみっか》から、サマー**スクール**が始《はじ》まる。

※「サマースクール」とは、夏休《なつやす》みの間《あいだ》に行《おこな》われ、ふだん学校《がっこう》では学《まな》ばない学習体験《がくしゅうたいけん》をすること。短期留学《たんきりゅうがく》など。

関連《かんれん》する言葉《ことば》

スクールゾーン［school zone］　交通安全対策《こうつうあんぜんたいさく》がなされた、幼稚園《ようちえん》や小学校《しょうがっこう》が指定《してい》した通学路《つうがくろ》。

スクールバス［school bus］　学校《がっこう》へ通学《つうがく》するためのバス。

スクリーン
［screen］

わー！　ぼくたち、
スクリーンに
映《うつ》っているよ！

意味《いみ》　**映画《えいが》などを映《うつ》す画面《がめん》。**画像《がぞう》や文字《もじ》などの情報《じょうほう》が表示《ひょうじ》される画《が》面《めん》や、映画《えいが》そのものをいいます。

使《つか》い方《かた》　あの俳優《はいゆう》さんの**スクリーン**デビューは、去年《きょねん》の春《はる》ごろだ。

※「デビュー」とは、新人《しんじん》が初《はじ》めて人前《ひとまえ》に登場《とうじょう》すること。（127ページ）

関連《かんれん》する言葉《ことば》　**スクリーンセーバー**［screen saver］　一定時間《いっていじかん》、放置《ほうち》していると、パソコンの画面《がめん》に表示《ひょうじ》される映像《えいぞう》。

スタート
［start］

新学期《しんがっき》がスタートした。

意味《いみ》 始《はじ》める。出発《しゅっぱつ》。開始《かいし》すること。

物事《ものごと》を始《はじ》めること、何《なに》かが動《うご》き始《はじ》めること、速《はや》さを競《きそ》うスポーツで出発《しゅっぱつ》することをいいます。

使《つか》い方《かた》 マラソン選手《せんしゅ》がいっせいにスタートした。

関連《かんれん》する言葉《ことば》 スタートアップ［start up］ 始《はじ》めること。新《あたら》しい事業《じぎょう》を始《はじ》めること。

反対《はんたい》の言葉《ことば》 ストップ［stop］ 人《ひと》や自分《じぶん》の行動《こう》を止《と》めたり、やめたりすること。信号《しんごう》などの「止《と》まれ」の合図《あいず》。

スタイル
［style］

先《せん》ぱいは相変《あいか》わらず、スタイルがいいね。
キャー。

意味《いみ》 ①体《からだ》つき。姿《すがた》。形《かたち》。かっこう。②行動《こうどう》や考《かんが》え方《かた》。表現《ひょうげん》のしかた。

姿《すがた》、形《かたち》などの体《からだ》の状態《じょうたい》や、服装《ふくそう》、髪型《かみがた》の様子《ようす》をいいます。また、「生活《せいかつ》スタイル」のように人《ひと》の行動《こうどう》や考《かんが》え方《かた》、あるいは「演奏《えんそう》スタイル」のように美術《びじゅつ》、音楽《おんがく》、文学《ぶんがく》などの芸術作品《げいじゅつさくひん》や建築物《けんちくぶつ》の形式《けいしき》、表現《ひょうげん》のこともいいます。

使《つか》い方《かた》 ①そのヘアスタイル、すてきだね。②最近《さいきん》、新《あたら》しいスタイルの詩《し》がはやっている。

関連《かんれん》する言葉《ことば》 スタイリスト［stylist］ 服装《ふくそう》や装身具《そうしんぐ》などをそろえる人《ひと》。
スタイリッシュ［stylish］ 趣味《しゅみ》がよく、すっきりと整《ととの》っていること。

スペシャル
［special］

父《ちち》の日《ひ》だから
スペシャルなおくり物《もの》を
ご用意《ようい》いたしました！

意味《いみ》 **特別《とくべつ》であること。**
誕生日《たんじょうび》、入学式《にゅうがくしき》、卒業式《そつぎょうしき》や記念日《きねんび》など、ふつうのことではない様子《ようす》をいいます。

使《つか》い方《かた》 **○町《まち》にゆかりのある、スペシャルゲストを呼《よ》びました。**
※「ゲスト」とは、お客《きゃく》やもてなす相手《あいて》のこと。（45ページ）

関連《かんれん》する言葉《ことば》 **スペシャリスト**［specialist］ 特《とく》定《てい》の分野《ぶんや》を専門《せんもん》とする人《ひと》。専門家《せんもんか》。（18ページ）

スポット
［spot］

意味《いみ》 点《てん》。場所《ばしょ》。場面《ばめん》。
地点《ちてん》やある場所《ばしょ》を指《さ》します。英語《えいご》では、「はん点《てん》、しみ」の意味《いみ》もあります。

使《つか》い方《かた》 ここは映画《えいが》でよく使《つか》われる撮影《さつえい》スポットだ。

関連《かんれん》する言葉《ことば》 スポットライト［spotlight］ ある一部《いちぶ》を明《あか》るくてらす光線《こうせん》。

セーフ
［safe］

ぶうくんの盗塁《とうるい》は、ぎりぎりセーフだ！

意味《いみ》 間《ま》に合《あ》うこと。うまくいくこと。

間《ま》に合《あ》うという意味《いみ》のほか、テニス、卓球《たっきゅう》で打《う》ったボールが枠内《わくない》に入《はい》ることもいいます。英語《えいご》では「安全《あんぜん》な」の意味《いみ》があります。

使《つか》い方《かた》 遅刻《ちこく》するかと思《おも》ったが、ぎりぎりセーフだった。

反対《はんたい》の言葉《ことば》 アウト［out］ だめになること。

野球《やきゅう》で打《う》った球《たま》を直接《ちょくせつ》取《と》られたり、走《はし》りが間《ま》に合《あ》わなかったりすること。テニス、卓球《たっきゅう》で打《う》ったボールが枠外《わくがい》に出《で》ること。

セール
［sale］

意味《いみ》 **売《う》り出《だ》し。**

英語《えいご》では「販売《はんばい》」という意味《いみ》がありますが、日本《にほん》では、おもに季節《きせつ》の変《か》わり目《め》や記念《きねん》、おいわいで商品《しょうひん》を値引《ねび》きして売《う》り出《だ》す安売《やすう》りの意味《いみ》で使《つか》われています。

使《つか》い方《かた》 「タイムセール」「優勝記念《ゆうしょうきねん》セール」。

※「タイム（72ページ）セール」とは、時間《じかん》を限《げん》定《てい》して行《おこな》われるセールのこと。

似《に》た言葉《ことば》 **バーゲンセール**［和製英語《わせいえいご》］

「バーゲン」は、安売《やすう》り、格安《かくやす》、特売品《とくばいひん》の意味《いみ》。

クリアランスセール［clearance sale］「クリアランス」は、片《かた》づけ、在庫一掃《ざいこいっそう》の意味《いみ》。

どちらも「セール」をつけずに使《つか》われることがあり、日本《にほん》では「セール」「バーゲン」「クリアランス」は、ほぼ同《おな》じ意味《いみ》。

セカンド
［second］

祖父《そふ》はセカンドライフを楽《たの》しんでいる。

※ライフ［life］ 生活《せいかつ》。（138ページ）
セカンドライフは、「第二《だいに》の人生《じんせい》」という意味《いみ》。

意味《いみ》 ①二番目《にばんめ》。②野球《やきゅう》の二塁《にるい》。
「二番目《にばんめ》」や「もう一《ひと》つの」という意味《いみ》があります。野球《やきゅう》では、二塁《にるい》や二塁手《にるいしゅ》のことをいいます。

使《つか》い方《かた》 ①趣味用《しゅみよう》として楽《たの》しむためにセカンドカー（［car］車《くるま》）がほしい。②タカくんは盗塁《とうるい》に成功《せいこう》し、セカンドに進《すす》んだ。

関連《かんれん》する言葉《ことば》 セカンドオピニオン［second opinion］ 二番目《にばんめ》の意見《いけん》。初《はじ》めにかかった医《い》師《し》ではなく、違《ちが》う医師《いし》や専門家《せんもんか》の意見《いけん》を聞《き》くこと。

セット
［set］

意味《いみ》 ①一《ひと》そろいの組《く》み合《あ》わせ。②身《み》なりや物《もの》の配置《はいち》を整《ととの》える。③道具《どうぐ》、機《き》械《かい》の設定《せってい》。④試合《しあい》の一区切《ひとくぎ》り。

セットにはいろいろな意味《いみ》があり、「一《ひと》そろい」の意味《いみ》のほか、頭髪《とうはつ》を整《ととの》えること、映画《えいが》や演劇《えんげき》の舞台装置《ぶたいそうち》や、機械《きかい》を使《つか》えるように用意《ようい》すること、テニスや卓球《たっきゅう》の試合《しあい》の一区切《ひとくぎ》りなどを表《あらわ》します。

使《つか》い方《かた》 ①コーヒーカップを二《に》セット購《こう》入《にゅう》した。②テーブルをきれいにセットした。③目覚《めざ》まし時計《とけい》を七時《しちじ》にセットした。④タカくんはこのゲームで三《さん》セット取《と》ったら、二回戦《にかいせん》に進《すす》む。

関連《かんれん》する言葉《ことば》 セッティング［setting］　物《もの》を決《き》まった場所《ばしょ》に配置《はいち》したり、備《そな》えつけたりすること。また、集会《しゅうかい》などの用意《ようい》をすること。

サークル[circle] ①円形《えんけい》に囲《かこ》ったところ。②同《おな》じ趣味《しゅみ》をもつ集《あつ》まり。

サービス[service] 人《ひと》のためにつくすこと。もてなすこと。

サミット[summit] 主要国《しゅようこく》の代表《だいひょう》が集《あつ》まる会議《かいぎ》。英語《えいご》では頂上《ちょうじょう》の意味《いみ》がある。

シーズン[season] 季節《きせつ》。

シーン[scene] 映画《えいが》や劇《げき》の場面《ばめん》。

シェア[share] 分《わ》け合《あ》うこと。

ジェスチャー[gesture] 身《み》ぶり手《て》ぶりで意思《いし》を伝《つた》えること。

シェフ[chef] 料理人《りょうりにん》の長《ちょう》。語源《ごげん》はフランス語《ご》。

システム[system] ある目的《もくてき》のためにつくられた組織《そしき》。方法《ほうほう》。やり方《かた》。装置《そうち》。

シビア[severe] 非常《ひじょう》にきびしい様子《ようす》。

シミュレーション[simulation] 実際《じっさい》の状態《じょうたい》をかりにつくり出《だ》すこと。

ジュース[juice] くだものや野菜《やさい》のしぼった汁《しる》や飲《の》み物《もの》。

ジョーク[joke] じょうだん。しゃれ。

ショック[shock] おどろく様子《ようす》。

シンプル[simple] 複雑《ふくざつ》なところがなくて単純《たんじゅん》な様子《ようす》。

シンボル[symbol] 象徴《しょうちょう》。

スイッチ[switch] 電流《でんりゅう》を流《なが》したり切《き》ったりするしかけ。

スイミング[swimming] 水泳《すいえい》。（57ページ）

スーツ[suit] 上下《じょうげ》同《おな》じ生地《きじ》でできている一《ひと》そろいの洋服《ようふく》。

ズーム[zoom] 物《もの》を写《うつ》す大《おお》きさを自由《じゆう》に変《か》えること。

スカウト[scout] みこみのある人《ひと》を探《さが》して、さそうこと。

スキップ[skip] ①片足《かたあし》で二歩《にほ》ずつ飛《と》びながら進《すす》むこと。②順番《じゅんばん》を飛《と》ばして先《さき》に進《すす》むこと。

スキンシップ[和製英語《わせいえいご》] 体《からだ》のふれ合《あ》いで心《こころ》を通《かよ》わせること。

スケール[scale] めもり。ものさし。物事《ものごと》の程度《ていど》の大《おお》きさ。

スケジュール[schedule] 予定《よてい》。日程《にってい》。

スケッチ[sketch] 見《み》たままを絵《え》にかくこと。 関連《かんれん》する言葉《ことば》 **スケッチブック**[sketchbook] 絵《え》をかくノート。

スコア[score] 競技《きょうぎ》の記録《きろく》。得点《とくてん》。 関連《かんれん》する言葉《ことば》 **スコアボード**[scoreboard] 得点《とくてん》を示《しめ》す掲示板《けいじばん》。

スター[star] ①星《ほし》。②人気《にんき》のある人《ひと》。

スタジアム[stadium] 野球場《やきゅうじょう》や運動競技場《うんどうきょうぎじょう》。

スタジオ[studio] ラジオやテレビの放送室《ほうそうしつ》、録音室《ろくおんしつ》、撮影所《さつえいじょ》。

スタッフ［staff］　ある仕事《しごと》をする人《ひと》。

スタンバイ［standby］　いつでも始《はじ》められるように準備《じゅんび》をしておくこと。

スタンプ［stamp］　郵便《ゆうびん》の消印《けしいん》。はんこ。

ステーキ［steak］　肉《にく》を焼《や》いた食《た》べ物《もの》。

ステージ［stage］　舞台《ぶたい》。

ストーリー［story］　物語《ものがたり》。筋書《すじが》き。

ストック［stock］　食品《しょくひん》や物《もの》をたくわえておくこと。ドイツ語《ご》の語源《ごげん》では、「スキーで使《つか》うつえ」の意味《いみ》。

ストレート［straight］　①まっすぐ。素直《すなお》。②テニスの試合《しあい》で全部《ぜんぶ》のセットをとること。③野球《やきゅう》の球種《きゅうしゅ》で直球《ちょっきゅう》。④試験《しけん》に失敗《しっぱい》せず一度《いちど》で通《とお》ること。

ストレス［stress］　無理《むり》することによって、心《こころ》や体《からだ》の調子《ちょうし》が悪《わる》くなること。

スニーカー［sneaker］　ゴム底《そこ》の布《ぬの》や皮《かわ》のくつ。運動《うんどう》ぐつ。

スピーチ［speech］　会合《かいごう》などでする話《はなし》。

スピード［speed］　速《はや》さ。速度《そくど》。

スペース［space］　空間《くうかん》。宇宙《うちゅう》。

スポーツ［sports］　運動《うんどう》。

スポンサー［sponsor］　お金《かね》を出《だ》して応援《おうえん》してくれる人《ひと》や会社《かいしゃ》。

スマート［smart］　すっきりして軽《かろ》やかな様子《ようす》。

スライス［slice］　うすく切《き》ったもの。

スライド［slide］　①ずらすこと。すべらせること。②光《ひかり》を当《あ》てて映像《えいぞう》を写《うつ》し出《だ》すフィルム。

スランプ［slump］　一時的《いちじてき》に調子《ちょうし》が落《お》ちること。

スロー［slow］　動作《どうさ》や速度《そくど》が遅《おそ》いこと。

セーブ［save］　①多《おお》すぎないようにひかえること。②コンピューターでデータを保存《ほぞん》すること。

セレブリティ［celebrity］　有名人《ゆうめいじん》。名士《めいし》。日本《にほん》では経済的《けいざいてき》な豊《ゆた》かさ、はなやかさなどが伴《ともな》う場合《ばあい》も。略語《りゃくご》は「セレブ」。

センス［sense］　物事《ものごと》のささいなことを感《かん》じる能力《のうりょく》、感覚《かんかく》。

センター［center］　中心《ちゅうしん》。中央《ちゅうおう》。中心《ちゅうしん》となる施設《しせつ》。

ソーラー［solar］　太陽《たいよう》の。太陽《たいよう》の光《ひかり》や熱《ねつ》を利用《りよう》すること。

関連《かんれん》する言葉《ことば》　**ソーラーカー**［solar car］　太陽光《たいようこう》を電力《でんりょく》として走《はし》る車《くるま》。

ソフトウェア［software］　コンピューターを使《つか》いこなすための技術《ぎじゅつ》やコンピューターに覚《おぼ》えさせる知識《ちしき》。略語《りゃくご》は「ソフト」。

反対《はんたい》の言葉《ことば》　**ハードウェア**［hardware］　コンピューターの機械部分《きかいぶぶん》のこと。略語《りゃくご》は「ハード」。（92ページ）

色《いろ》を表《あらわ》す カタカナ語《ご》

色《いろ》を表《あらわ》すカタカナ語《ご》を集《あつ》めました。すべて語源《ごげん》は英語《えいご》です。その色《いろ》の印象《いんしょう》から生《う》まれた用語《ようご》があります。どのくらい知《し》っていますか？

ブラック [black] 黒《くろ》

暗《くら》い色《いろ》。黒《くろ》のもつ印象《いんしょう》から、かこくな労働《ろうどう》条件《じょうけん》や環境《かんきょう》の「ブラック企業《きぎょう》」(★)など、あまりよくない意味《いみ》の言葉《ことば》がある。

関連《かんれん》の言葉《ことば》 **ブラックリスト [blacklist]**
注意《ちゅうい》すべき人《ひと》や団体《だんたい》の名前《なまえ》や住所《じゅうしょ》が書《か》かれている一覧表《いちらんひょう》。

ホワイト [white] 白《しろ》

雪《ゆき》のような色《いろ》。黒《くろ》とは逆《ぎゃく》の色《いろ》として表現《ひょうげん》されることが多《おお》い。「ホワイト企業《きぎょう》」(★「ブラック企業《きぎょう》」の反対《はんたい》の言葉《ことば》)など。

関連《かんれん》の言葉《ことば》 **ホワイトカラー [white-collar]**
カラー[collar]は襟《えり》の意味《いみ》。事務系《じむけい》の職業《しょくぎょう》についている人《ひと》。白《しろ》いシャツを着用《ちゃくよう》していることからきている。

ゴールド [gold] 金《きん》

かざりやお金《かね》にも使《つか》われている貴金属《ききんぞく》の1つで、その色《いろ》を表《あらわ》す。品質《ひんしつ》や価値《かち》が最上《さいじょう》の意味《いみ》として用《もち》いられる。

関連《かんれん》の言葉《ことば》 **ゴールドメダル**
[gold medal] 金《きん》メダル

シルバー [silver] 銀《ぎん》

かざりやお金《かね》にも使《つか》われている貴金属《ききんぞく》の1つで、その色《いろ》を表《あらわ》す。日本《にほん》では「シルバー人材《じんざい》」(★)など、高齢者《こうれいしゃ》を意味《いみ》する用語《ようご》としても使《つか》われる。

関連《かんれん》の言葉《ことば》 **シルバーメダル**
[silver medal] 銀《ぎん》メダル

レッド [red] 赤《あか》

赤《あか》は火《ひ》や血《ち》のような色《いろ》で、その印象《いんしょう》から危険信号《きけんしんごう》やからい味《あじ》などを表《あらわ》す。

関連《かんれん》の言葉《ことば》 **レッドカード [red card]**
サッカーなどで悪質《あくしつ》な行為《こうい》、反則《はんそく》があった場合《ばあい》に出《だ》され、退場《たいじょう》となる。

グリーン [green] 緑《みどり》

草《くさ》や木《き》の色《いろ》。その色《いろ》の印象《いんしょう》から「グリーンエネルギー」のような自然由来《しぜんゆらい》の発電力《はつでんりょく》や、公園《こうえん》や環境《かんきょう》などを表《あらわ》す。

関連《かんれん》の言葉《ことば》 **グリーンカード [green card]**
アメリカの永住権証明書《えいじゅうけんしょうめいしょ》。外国人《がいこくじん》のための労働《ろうどう》や入国《にゅうこく》の許可書《きょかしょ》。

イエロー [yellow] 黄《き》

卵《たまご》の黄身《きみ》やレモンの実《み》、バナナの皮《かわ》の色《いろ》。注意《ちゅうい》や警告《けいこく》などを表《あらわ》す。

関連《かんれん》の言葉《ことば》 **イエローカード [yellow card]**
サッカーなどで悪質《あくしつ》な行為《こうい》、反則《はんそく》があった場《ば》合《あい》に注意《ちゅうい》や警告《けいこく》のために出《だ》される。2回《かい》出《だ》されると退場《たいじょう》になる。

ブルー [blue] 青《あお》

晴《は》れた空《そら》、海《うみ》の色《いろ》。不健康《ふけんこう》や不安感《ふあんかん》をもった顔色《かおいろ》などから、気分《きぶん》をブルーで表現《ひょうげん》することもある。

関連《かんれん》の言葉《ことば》 **ブルーカラー [blue-collar]**
工場《こうじょう》などの生産《せいさん》の現場《げんば》で働《はたら》く人《ひと》。着《き》ている作《さ》業着《ぎょうぎ》や制服《せいふく》が青《あお》いことからきている。

※★は、日本《にほん》でつくられた言葉《ことば》です。

タイトル
［title］

意味《いみ》 **①本《ほん》や映画《えいが》の題名《だいめい》。②競技《きょうぎ》や大会《たい》の名称《めいしょう》。**
作品《さくひん》につけられた題名《だいめい》のほか、スポーツや囲碁《いご》・将棋《しょうぎ》などの特別《とくべつ》な大会《たいかい》、そこで勝《か》った人《ひと》にあたえられる資格《しかく》も指《さ》します。

使《つか》い方《かた》 ①**タイトル**にひかれて本《ほん》を買《か》った。②チャンピオンから**タイトル**をうばおうとライバルが来日《らいにち》した。

関連《かんれん》する言葉《ことば》 **タイトルマッチ**［title match］ ボクシングやプロレスなどで、チャンピオンと挑戦者《ちょうせんしゃ》が戦《たたか》う試合《しあい》。
メインタイトル［main title］ 本《ほん》などの題名《だいめい》。副題《ふくだい》は「サブタイトル［subtitle］」という。

ダイバーシティー

［diversity］

これからの社会《しゃかい》はダイバーシティーの考《かんが》え方《かた》が大切《たいせつ》になります。

意味 いろいろな種類《しゅるい》の物事《ものごと》があること。

もとは英語《えいご》で、「いろいろと違《ちが》うものがある」という意味《いみ》です。現在《げんざい》では、おもに「人間《にんげん》の多様性《たようせい》」を意味《いみ》し、人種《じんしゅ》、性別《せいべつ》、年齢《ねんれい》、宗教《しゅうきょう》、障害《しょうがい》の有無《うむ》、価値観《かちかん》など、様《さま》ざまに異《こと》なる人《ひと》びとがいることを表《あらわ》します。

使い方 働《はたら》き方《かた》や働《はたら》く場所《ばしょ》をふくめて、ダイバーシティーに取《と》り組《く》む会社《かいしゃ》が増《ふ》えている。

似た言葉
インクルーシブ［inclusive］ すべてをふくめる様子《ようす》。
バラエティー［variety］ 様《さま》ざまなもの。おもに同《おな》じ種類《しゅるい》のなかでも、いろいろな違《ちが》いがあることをいう。

タイム
［time］

体育《たいいく》の時間《じかん》に、百《ひゃく》メートル走《そう》のタイムを測《はか》った。

意味《いみ》 時刻《じこく》。時《とき》。試合《しあい》などを一時的《いちじてき》にやめることも「タイム」といいます。

使《つか》い方《かた》 審判《しんぱん》にタイムを申《もう》し出《で》る。

関連《かんれん》する言葉《ことば》

タイミング［timing］　何《なに》かをしようとするのにちょうどよい時間《じかん》。時機《じき》。

タイマー［timer］　設定《せってい》した時間《じかん》に電源《でんげん》を入《い》れたり、切《き》ったりする装置《そうち》。

タイムリー［timely］　時機《じき》がぴったりでちょうどよい様子《ようす》。

タイムカプセル［time capsule］　今《いま》の時代《じだい》の思《おも》い出《で》や文化《ぶんか》を後《のち》の世《よ》に伝《つた》えるために品物《しなもの》や記録《きろく》を納《おさ》めて保存《ほぞん》しておく容器《ようき》。

ダウンロード
〔download〕

HIT SONGS !!!
HIT SONGS
HIT SONGS
HIT SONGS
好《す》きな音《おん》楽《がく》をダウンロードして楽《たの》しんでいます。

意味《いみ》 ファイルやデータをおおもとのコンピューターから自分《じぶん》のコンピューターに受信《じゅしん》すること。

ダウン〔down〕は「下《した》へ」、ロード〔load〕は「積《つ》みこむ、読《よ》みこむ」という意味《いみ》です。発売元《はつばいもと》や発信元《はっしんもと》から、ネットワークを通《つう》じて、自分《じぶん》のコンピューターやスマホなどにデータを移《うつ》すことです。

使《つか》い方《かた》 知《し》らないサイトからデータをダウンロードしてはいけない。

反対《はんたい》の言葉《ことば》 アップロード〔upload〕 ネットワークを通《つう》じて、自分《じぶん》のコンピューターからファイルやデータを別《べつ》のコンピューターに移《うつ》すこと。

タッチ

［touch］

ボールがそれて、ランナーに
タッチできなかった。

意味《いみ》 ①ふれること。②ピアノの弾《ひ》き方《かた》、芸術家《げいじゅつか》の作風《さくふう》など。

おもに手《て》でふれることを意味《いみ》し、「ふれる」ということから、何《なに》かとかかわりをもつことも意味《いみ》します。

使《つか》い方《かた》 ①二人《ふたり》のいさかいには、いっさいタッチしない。②この絵《え》はピカソのタッチに似《に》ているね。

関連《かんれん》する言葉《ことば》 タッチパネル［和製英語《わせいえいご》］ 画面《がめん》にふれることで操作《そうさ》できる装置《そうち》。

チャット

［chat］

外国《がいこく》にいる友《とも》だちとチャットでつながるのが楽《たの》しい。

意味《いみ》 ネットワーク上《じょう》で相手《あいて》と文字《もじ》で会話《かいわ》すること。

英語《えいご》では「雑談《ざつだん》、おしゃべり」の意味《いみ》です。現在《げんざい》では、ネットワーク上《じょう》にいる複数《ふくすう》の人《ひと》たちが、文字《もじ》を入力《にゅうりょく》することで会話《かいわ》することをいいます。

使《つか》い方《かた》 簡単《かんたん》な内容《ないよう》だからチャットで用《よう》件《けん》を伝《つた》えた。

関連《かんれん》する言葉《ことば》 チャットG《ジー》P《ピー》T《ティー》［chatGPT］

G《ジー》PT《ピーティー》とは［Generative Pre-trained Transformer］の略《りゃく》。アメリカの人工知能研究所《じんこうちのうけんきゅうじょ》が開発《かいはつ》したA《エー》I《アイ》（14ページ）を使《つか》った会話《かいわ》サービス。コンピューターに質問《しつもん》や指示《しじ》を出《だ》し、人間《にんげん》と会《かい》話《わ》しているかのような答《こた》えや結果《けっか》を受《う》け取《と》るもの。

デイケア
〔day care〕

おばあちゃんは、
週《しゅう》に三回《さんかい》、デイケア
に通《かよ》っています。

意味《いみ》 高齢者《こうれいしゃ》や体《からだ》の不自由《ふじゆう》な人《ひと》がリハビリテーションや身《み》の回《まわ》りの世話《せわ》を受《う》けられるサービス。

デイ〔day〕は「昼間《ひるま》」、ケア〔care〕は「世話《せわ》をする」という意味《いみ》です。高齢者《こうれいしゃ》や体《からだ》の不自由《ふじゆう》な人《ひと》を昼間《ひるま》に預《あず》かり、医師《いし》の判断《はんだん》に基《もと》づいて専門家《せんもんか》がリハビリテーションを中心《ちゅうしん》とした介護《かいご》を行《おこな》います。英語《えいご》では、おもに「子《こ》どもの世話《せわ》」を意味《いみ》します。

使《つか》い方《かた》 ヘルパーの資格《しかく》をとり、デイケア施設《しせつ》で働《はたら》く。

関連《かんれん》する言葉《ことば》 **デイケアセンター**〔day care center〕 デイケアを行《おこな》う施設《しせつ》。英語《えいご》では、おもに「保育施設《ほいくしせつ》」を意味《いみ》します。
デイサービス〔和製英語《わせいえいご》〕 介護《かいご》を必要《ひつよう》とする人《ひと》が、昼間《ひるま》だけ受《う》ける介護《かいご》のこと。

ディレクター

［director］

意味《いみ》 映画《えいが》や演劇《えんげき》、テレビ、ラジオ番組《ばん》の監督《かんとく》。出演者《しゅつえんしゃ》や作品《さくひん》の制作《せいさく》にかかわる人《ひと》たちを指導《しどう》し、まとめる立場《たちば》をいいます。

使《つか》い方《かた》 新《あたら》しい番組《ばんぐみ》のアイデアをディレクターに相談《そうだん》する。

関連《かんれん》する言葉《ことば》 アシスタントディレクター［assistant director］ テレビ番組《ばんぐみ》などでディレクターの補佐《ほさ》を行《おこな》う人《ひと》。略語《りゃくご》は「AD《エーディー》」という。

似《に》た言葉《ことば》 プロデューサー［producer］ 企画《きかく》から完成《かんせい》までを管理《かんり》する責任者《せきにんしゃ》。

データ

［data］

対《たい》戦《せん》相《あい》手《て》のデータをできるだけたくさん集《あつ》めよう。

意味《いみ》 物事《ものごと》を判断《はんだん》したり、予測《よそく》したりするときの基本《きほん》となる事実《じじつ》。また、コンピューターであつかう情報《じょうほう》もデータと呼《よ》びます。

使《つか》い方《かた》 コンピューターがこわれて、すべてのデータが消《き》えてしまった。

関連《かんれん》する言葉《ことば》 データベース［database］ 大量《たいりょう》の情報《じょうほう》を整理《せいり》・統合《とうごう》し、コンピューターで検《けん》索《さく》しやすいようにしたファイル。

テキスト

［text］

意味《いみ》 ①教材《きょうざい》などの本《ほん》。②文字《もじ》や文章《ぶんしょう》。

日本《にほん》では教材《きょうざい》などを「テキスト」といいますが、英語《えいご》では「テキストブック［textbook］」といいます。また、本《ほん》に書《か》れた本文《ほんぶん》そのものや、コンピューターで使《つか》う文字列《もじれつ》や文章《ぶんしょう》のデータのこともテキストといいます。

使《つか》い方《かた》 ①〇〇先生《せんせい》の講演会《こうえんかい》の内容《ないよう》は、テキストになっています。②このテキストを明日《あす》までに入力《にゅうりょく》しなければならない。

関連《かんれん》する言葉《ことば》 テキストデータ［text data］ 画《が》像《ぞう》や音声《おんせい》はふくまない、文字《もじ》だけのデータ。テキストファイル［text file］ コンピューターで文字《もじ》だけを記録《きろく》したファイル。

デザイン
［design］

意味《いみ》 ①図案《ずあん》。模様《もよう》。②物《もの》をつくるときに、考《かんが》え、設計《せっけい》すること。建築物《けんちくぶつ》、家具《かぐ》、衣服《いふく》などの形《かたち》や色《いろ》、模様《もよう》のこと。また、ある目的《もくてき》をもって物事《ものごと》を計画《けいかく》することもデザインといいます。

使《つか》い方《かた》 ①この洋服《ようふく》のデザインはすてきだ。②だれもが暮《く》らしやすい都市《とし》をデザインする。

関連《かんれん》する言葉《ことば》 グラフィックデザイン［graphic design］ 印刷物《いんさつぶつ》やウェブサイトなど平面上《へいめんじょう》で表現《ひょうげん》されるデザイン。ポスターやロゴなど。
デザイナー［designer］ 図案《ずあん》を考《かんが》える人《ひと》。

デフレーション
［deflation］

不景気《ふけいき》が続《つづ》いて、デフレになって物《もの》が安《やす》くなったよ。

100円《えん》で買《か》えたリンゴ。
50円《えん》で買《か》えるようになった。

意味《いみ》 **物《もの》の値段《ねだん》が下《さ》がり続《つづ》けること。**景気《けいき》が悪《わる》いときに起《お》こることが多《おお》いです。「デフレ」は略語《りゃくご》で、海外《かいがい》では通《つう》じません。

使《つか》い方《かた》 日本《にほん》は長《なが》い間《あいだ》、デフレが続《つづ》いていた。

反対《はんたい》の言葉《ことば》 **インフレーション**［inflation］
物《もの》の値段《ねだん》が上《あ》がり続《つづ》けること。景気《けいき》がよいときに起《お》こることが多《おお》い。「インフレ」は略語《りゃくご》で、海外《かいがい》では通《つう》じない。

トップ
［top］

あの記事《きじ》が、新聞《しんぶん》のトップに大《おお》きくのっている！
カタカナ新聞
UFO発見!!
UFO《ユーフォー》!?

意味《いみ》 **順番《じゅんばん》の最初《さいしょ》。**先頭《せんとう》、頂上《ちょうじょう》、さらに、そこにある人《ひと》や物《もの》を指《さ》します。

使《つか》い方《かた》 マラソン大会《たいかい》を**トップ**でゴールした。

※「ゴール」とは、目標《もくひょう》としている最終地点《さいしゅうちてん》のこと。（36ページ）

関連《かんれん》する言葉《ことば》

トップクラス［top class］ 最上級《さいじょうきゅう》。一流《いちりゅう》。もっともすぐれている人《ひと》や団体《だんたい》。

トップランナー［和製英語《わせいえいご》］ リレーの第一《だいいち》走者《そうしゃ》。第一線《だいいっせん》で活《かつ》やくしている人《ひと》。

トッピング［topping］ 料理《りょうり》や菓子《かし》の上《うえ》に食材《しょくざい》やかざりをのせること、のせたもの。

ドライ

[dry]

はだがドライで、かさかさしている。
はい、クリーム。
クリーム

意味《いみ》 ①水分《すいぶん》やしめり気《け》がない様子《ようす》。②そっけないこと。

水分《すいぶん》が少《すく》なく、かわいている状態《じょうたい》のことです。また、おもしろみや味《あじ》わいがない様子《ようす》や、人情《にんじょう》に動《うご》かされないといった意味《いみ》もありますが、日本《にほん》だけで使《つか》われています。

使《つか》い方《かた》 ①砂《さ》ばくはドライな環境《かんきょう》だ。②あの人《ひと》はいつもドライな態度《たいど》で、冷《つめ》たく感《かん》じる。

関連《かんれん》する言葉《ことば》 ドライヤー[dryer]　ぬれた髪《かみ》の毛《け》や洗《せん》たく物《もの》をかわかす道具《どうぐ》。ドライアイス[dry ice]　物《もの》を冷《ひ》やすために使《つか》われる。二酸化炭素《にさんかたんそ》を冷《ひ》やしてかためたもの。

反対《はんたい》の言葉《ことば》 ウェット[wet]　①水分《すいぶん》やしめり気《け》がある様子《ようす》。②人情《にんじょう》にもろいこと（日本《にほん》のみ）。

ドライブ
［drive］

意味《いみ》 ①自動車《じどうしゃ》で遠《とお》くに出《で》かけること。②球《たま》の回転《かいてん》。③コンピューターの装置《そうち》。
ドライブには「物事《ものごと》を動《うご》かす」という意《い》味《み》があることから、コンピューターのデータを記録《きろく》したり、読《よ》みこんだりする装置《そうち》という意味《いみ》でも使《つか》われています。

使《つか》い方《かた》 ①父《ちち》の趣味《しゅみ》はドライブです。②サーブのボールに強《つよ》いドライブをかける。③入力《にゅうりょく》したデータは、ドライブに保存《ほぞん》した。

関連《かんれん》する言葉《ことば》 ドライブイン［drive in］ 自動車《じどうしゃ》に乗《の》ったまま買《か》い物《もの》や食事《しょくじ》ができる、駐車《ちゅうしゃ》スペースが広《ひろ》い施設《しせつ》。
ドライブスルー［drive through］ 車《くるま》に乗《の》ったまま買《か》い物《もの》ができる方式《ほうしき》。

ドラマ
［drama］

パンダくんはヒーローもののドラマが好《す》きだ。

意味《いみ》 ①演劇《えんげき》。しばい。②劇的《げきてき》な出来《でき》事《ごと》。

テレビ、映画《えいが》など物語《ものがたり》を表現《ひょうげん》することをいいます。また、物語《ものがたり》の中《なか》のような、日常的《にちじょうてき》ではない出来事《できごと》、状況《じょうきょう》のこともいいます。

使《つか》い方《かた》 ①海外《かいがい》ドラマにはまってしまった。②今度《こんど》の旅行《りょこう》では様《さま》ざまなドラマがあった。

関連《かんれん》する言葉《ことば》

テレビドラマ［和製英語《わせいえいご》］ テレビで放送《ほうそう》されるドラマ。

ドラマチック［dramatic］ まるで劇《げき》かおしばいのような、感動的《かんどうてき》な様子《ようす》。

ホームドラマ［和製英語《わせいえいご》］ 家族《かぞく》の間《あいだ》の出来《でき》事《ごと》を題材《だいざい》にした劇《げき》。

トレーニング
［training］

意味《いみ》 訓練《くんれん》。練習《れんしゅう》。
技術《ぎじゅつ》や能力《のうりょく》を高《たか》めるために訓練《くんれん》、練習《れんしゅう》することです。スポーツの練習《れんしゅう》に使《つか》われることが多《おお》いです。

使《つか》い方《かた》 トレーニングのやりすぎは、かえって体《からだ》によくないよ。

関連《かんれん》する言葉《ことば》
トレーニングセンター［training center］ 体《からだ》を動《うご》かす場所《ばしょ》やトレーニングをする機具《きぐ》がある施設《しせつ》。
トレーニングパンツ［training pants］ スポーツをするときに着《き》るズボン。英語《えいご》の意味《いみ》は、「おしめが取《と》れた乳幼児《にゅうようじ》がはく下着《したぎ》」。
トレーナー［trainer］ ①スポーツの指導者《しどうしゃ》。②動物《どうぶつ》の調教《ちょうきょう》をする人《ひと》。③厚手《あつで》の長《なが》そでの洋《よう》服《ふく》。※登録商標《とうろくしょうひょう》。英語《えいご》では、「スウェットシャツ［sweat shirt］」。

ナレーション
［narration］

歴史《れきし》ドラマのナレーションを担当《たんとう》した。

意味《いみ》 組《ぐみ》の進行《しんこう》を助《たす》ける語《かた》り。映画《えいが》やテレビなどで、物語《ものがたり》や番《ばん》組の進行を助ける語り。物語《ものがたり》の語《かた》り、登場人物《とうじょうじんぶつ》の気持《きも》ちを代弁《だいべん》する語《かた》り、また、起《お》こったことの状況《じょうきょう》を説明《せつめい》することです。

使《つか》い方《かた》 有名《ゆうめい》な俳優《はいゆう》のナレーションはとてもわかりやすかった。

関連《かんれん》する言葉《ことば》 ナレーター［narrator］ ナレーションをする人《ひと》。

似《に》た言葉《ことば》 アナウンサー［announcer］ テレビやラジオでニュースを読《よ》む人《ひと》。番組《ばんぐみ》の司《し》会《かい》、スポーツなどの実況《じっきょう》をする人《ひと》。

ナンバー
［number］

ホテルの部《へ》屋《や》のナンバーは
222だった。

意味《いみ》 数《かず》や番号《ばんごう》。
数《かず》や数字《すうじ》、車《くるま》の登録番号《とうろくばんごう》、ホテルの部《へ》屋《や》番号《ばんごう》などを表《あらわ》します。

使《つか》い方《かた》 車《くるま》のナンバーは、持《も》ち主《ぬし》がだれであるか登録《とうろく》されています。

関連《かんれん》する言葉《ことば》
ナンバーワン［number one］ 第《だい》一番《いちばん》。実力《じつりょく》や人気《にんき》が一番《いちばん》すぐれている人《ひと》。
ラッキーナンバー［lucky number］ 縁起《えんぎ》がよい数字《すうじ》。
ナンバープレート［number plate］ 自動車《じどうしゃ》一台《いちだい》ごとに取《と》りつけられた、登録地《とうろくち》や登録番《とうろくばん》号《ごう》が記《しる》された金属《きんぞく》の板《いた》。

ネット
[net]

バレーでは手《て》がネットにふれると反則《はんそく》になる。

意味《いみ》 ①網《あみ》。②インターネット。魚《さかな》などをとる道具《どうぐ》のほか、テニスやバレーなど、コートの仕切《しき》りのこともいいます。また、「インターネット」の略語《りゃくご》として使《つか》われます。

使い方《つかいかた》 ①野球場《やきゅうじょう》では、打球《だきゅう》が観客席《かんきゃくせき》に入《はい》らないようにネットがはってある。②宿題《しゅくだい》もせずに、ネットばかり見《み》てしまう。

関連する言葉《かんれんすることば》 ネットサーフィン[net surfing] インターネットのウェブサイトを次《つぎ》つぎと見《み》ること。
ネットワーク[network] ①つながり。②複《ふく》数《すう》の放送局《ほうそうきょく》が連《れん》けいして放送《ほうそう》するしくみ。③複数《ふくすう》のコンピューターを結《むす》んで、データなどを共有《きょうゆう》すること。

ターゲット［target］　まと。目標《もくひょう》。商品《しょうひん》を売《う》りこむ相手《あいて》。

ターミナル［terminal］　たくさんの交通機関《こうつうきかん》が発着《はっちゃく》する場所《ばしょ》。

ダイエット［diet］　美容《びよう》や健康《けんこう》を考《かんが》えて食事《しょくじ》を制限《せいげん》すること。体重《たいじゅう》を減《へ》らすこと。

ダイジェスト［digest］　長《なが》い内容《ないよう》を短《みじか》くまとめたもの。

ダイナミック［dynamic］　力強《ちからづよ》く生《い》き生《い》きと動《うご》く様子《ようす》。

タイヤ［tire］　車輪《しゃりん》の周《まわ》りにはめるゴムの輪《わ》。

ダッシュ［dash］　一気《いっき》に進《すす》むこと。

タフ［tough］　体《からだ》や心《こころ》がじょうぶなこと。手《て》ごわいこと。

タブレット［tablet］　①粒状《つぶじょう》の薬《くすり》。②タッチパネルを備《そな》えた、板状《いたじょう》のコンピューター。

ダメージ［damage］　損害《そんがい》。被害《ひがい》。痛手《いたで》。

タレント［talent］　才能《さいのう》。技量《ぎりょう》。テレビやラジオに出《で》る人《ひと》。

チェック［check］　①格子《こうし》じまの模様《もよう》。②小切手《こぎって》。③点検《てんけん》すること。

チェンジ［change］　変《か》わること。

チャージ［charge］　充電《じゅうでん》。入金《にゅうきん》。燃料《ねんりょう》を入《い》れること。

チャーミング［charming］　魅力《みりょく》的《てき》。人《ひと》をひきつける力《ちから》があること。

チャイルド［child］　子《こ》ども。

関連《かんれん》する言葉《ことば》　**チャイルドシート**［child seat］　車《くるま》につける子《こ》ども用《よう》の安全《あんぜん》ベルトがついたいす。

チャリティー［charity］　貧《まず》しい人《ひと》、困《こま》っている人《ひと》を助《たす》けること。

チャレンジ［challenge］　挑戦《ちょうせん》。

チャンス［chance］　何《なに》かをするのによい機会《きかい》。時機《じき》。

チャンピオン［champion］　優勝者《ゆうしょうしゃ》。

ツアー［tour］　①旅行《りょこう》。②音楽《おんがく》やしばいの巡回公演《じゅんかいこうえん》。

ディスカウント［discount］　商品《しょうひん》を定価《ていか》より安《やす》く売《う》ること。

ディスカッション［discussion］　話《はな》し合《あ》い。討論《とうろん》。

ディスプレー［display］　商品《しょうひん》を展示《てんじ》すること。

デート［date］　日付《ひづけ》。日時《にちじ》や場所《ばしょ》を決《き》めて会《あ》うこと。

テクニック［technic］　わざ。方法《ほうほう》。

デコレーション［decoration］　かざり。かざること。

デジタル［digital］　時間《じかん》や重《おも》さなどを、数字《すうじ》で表示《ひょうじ》すること。

コンピューターを使《つか》って行《おこな》うこと。 反対《はんたい》の言葉《ことば》 アナログ[analog] 数《かず》や数量《すうりょう》を数字《すうじ》ではなく、具体的《ぐたいてき》な物《もの》で表《あらわ》すこと。

デリバリー[delivery] 配達《はいたつ》。

テロリズム[terrorism] 政治的《せいじてき》な目的《もくてき》を暴力《ぼうりょく》によって成《な》しとげようとすること。略語《りゃくご》は「テロ」。 関連《かんれん》する言葉《ことば》 **テロリスト**[terrorist] テロリズムを信《しん》じ、実行《じっこう》する人《ひと》。

ドキュメンタリー[documentary] 事実《じじつ》をありのままに記録《きろく》してつくった文章《ぶんしょう》や映画《えいが》など。

ドクター[doctor] 医師《いし》。博士《はかせ》。

ドッキング[docking] 結《むす》びつくこと。結合《けつごう》。

トラウマ[trauma] 心《こころ》に大《おお》きな打《だ》げきを受《う》け、その影響《えいきょう》が後《のち》のちまで残《のこ》ること。

トラブル[trouble] もめごと。故障《こしょう》。

トリック[trick] 本当《ほんとう》のことのように見《み》せるしかけ。

トレードマーク[trademark] 人《ひと》や物《もの》の特《とく》ちょうを表《あらわ》すもの。その会社《かいしゃ》の商品《しょうひん》であることをしめす印《しるし》。

トレンド[trend] 傾向《けいこう》。流行《りゅうこう》。

ナース[nurse] 看護師《かんごし》。

ナーバス[nervous] 神経質《しんけいしつ》な様子《ようす》。

ナイター[和製英語《わせいえいご》] 夜《よる》に行《おこな》われる試合《しあい》。英語《えいご》では「ナイトゲーム[night game]」。 反対《はんたい》の言葉《ことば》 **デーゲーム**[day game] 昼《ひる》に行《おこな》われる試合《しあい》。

ナチュラル[natural] 自然《しぜん》な様子《ようす》。

ナビゲーター[navigator] 飛行機《ひこうき》や船《ふね》で道筋《みちすじ》の確認《かくにん》を行《おこな》う人《ひと》。自動車《じどうしゃ》などで道筋《みちすじ》を案内《あんない》してくれる装置《そうち》。略語《りゃくご》は「ナビ」。

ナンセンス[nonsense] 意味《いみ》のないこと。ばかばかしいこと。

ニーズ[needs] 必要《ひつよう》。要求《ようきゅう》。

ニューフェイス[new face] 新人《しんじん》。

ノミネート[nominate] 指名《しめい》すること。候補《こうほ》になること。

ノルマ[ロシア語《ご》] 割《わ》り当《あ》てられた仕事《しごと》の量《りょう》。

ノンフィクション[non-fiction] 事実《じじつ》をもとに書《か》かれた作品《さくひん》。 反対《はんたい》の言葉《ことば》 **フィクション**[fiction] 小説《しょうせつ》など、真実《しんじつ》ではない、つくられた作品《さくひん》。

ハード
［hard］

なかなかハードな仕事《しごと》だね。
スイスイと片《かた》づけよう。
!?
すごい！

意味《いみ》 ①かたい。②厳《きび》しい様子《ようす》。

かたい、じょうぶなど、物《もの》の状態《じょうたい》を表《あらわ》すほか、困難《こんなん》、大変《たいへん》などの様子《ようす》を表《あらわ》す意味《いみ》もあります。

使《つか》い方《かた》 ①私《わたし》は、ハードコンタクトレンズを使《つか》っている。②ハードな問題《もんだい》が山積《やまづ》みだ。

関連《かんれん》する言葉《ことば》 ハードウェア［hardware］ コンピューターの機械部分《きかいぶぶん》のこと。（68ページ）
ハードディスク［hard disk］ コンピューターの情報《じょうほう》の記憶装置《きおくそうち》の一《ひと》つ。

反対《はんたい》の言葉《ことば》 ソフト［soft］ やわらかい。

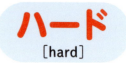

パート
［part］

このパートはさるくんの担当《たんとう》だ。

意味《いみ》 一部《いちぶ》。部分《ぶぶん》。役割《やくわり》。
全体《ぜんたい》のなかの一部分《いちぶぶん》のほか、役割《やくわり》、分担《ぶんたん》などを表《あらわ》します。

使《つか》い方《かた》 私《わたし》のチームは、重要《じゅうよう》なパートを任《まか》された。

関連《かんれん》する言葉《ことば》 パートタイム［part-time］ 一日《いちにち》のうち、ある決《き》められた時間《じかん》。略語《りゃくご》は「パート」。英語《えいご》では「非常勤《ひじょうきん》」の意味《いみ》。
パートタイマー［part-timer］ パートタイムで働《はたら》く人《ひと》。略語《りゃくご》は「パート」。英語《えいご》では「非常《ひじょう》勤《きん》で働《はたら》く人《ひと》」の意味《いみ》。

パーフェクト
［perfect］

このケーキ、見《み》た目《め》も味《あじ》もパーフェクトだ。

意味《いみ》 完全《かんぜん》な状態《じょうたい》。見事《みごと》。

欠点《けってん》がなく、足《た》りないところもなく、完全《かんぜん》な状態《じょうたい》を表《あらわ》します。「十分《じゅうぶん》」、「満《まん》足《ぞく》」など、申《もう》し分《ぶん》ないことをいいます。

使《つか》い方《かた》 なっちゃんは、フィギュアスケートでパーフェクトな演技《えんぎ》をした。

似《に》た言葉《ことば》 コンプリート［complete］ 完全《かんぜん》に、すべて、達成《たっせい》した様子《ようす》。

パターン
［pattern］

意味《いみ》 ①模様《もよう》。図案《ずあん》。②型《かた》。様式《ようしき》。
くり返《かえ》される形《かたち》や模様《もよう》、図案《ずあん》をいいます。また、同《おな》じ行動《こうどう》や考《かんが》え方《かた》、反応《はんのう》なども「パターン」ということがあります。

使《つか》い方《かた》 ①花《はな》と草《くさ》の編《あ》み目《め》のパターンがきれいだ。②苦手《にがて》な問題《もんだい》が出《で》ると、いつものパターンでやる気《き》がなくなってしまう。

関連《かんれん》する言葉《ことば》 ワンパターン［和製英語《わせいえいご》］同《おな》じ行為《こうい》をくり返《かえ》すこと。

バック
［back］

友《とも》だちの誘導《ゆうどう》で、
車《くるま》をバックで駐車《ちゅうしゃ》する。

意味《いみ》 ①後《うし》ろ。②背景《はいけい》。③後《うし》ろだて。
「後《うし》ろ」を表《あらわ》すことから、「背景《はいけい》」「支援《しえん》者《しゃ》」という意味《いみ》でも使《つか》われます。

使《つか》い方《かた》 ①バックにきれいな模様《もよう》があるドレス。②山《やま》をバックに友《とも》だちの写真《しゃしん》を撮《と》る。③有力《ゆうりょく》な政治家《せいじか》がバックにつく。

関連《かんれん》する言葉《ことば》
バックアップ［backup］ 支援《しえん》。控《ひか》え。
バックナンバー［back number］ 雑誌《ざっし》などで、すでに発刊《はっかん》された号《ごう》。
バックボーン［backbone］ ①背骨《せぼね》。②心《こころ》の支《ささ》えとなる考《かんが》え方《かた》、要素《ようそ》。
バックミラー［和製英語《わせいえいご》］ 車《くるま》やバスなどに取《と》りつけられた、後《うし》ろを確認《かくにん》できる鏡《かがみ》。

ハッピー
［happy］

くじに当《あ》たってハッピーだ。

意味《いみ》 楽《たの》しい。うれしい。幸《しあわ》せな様子《ようす》。喜《よろこ》びや幸福《こうふく》を感《かん》じている状態《じょうたい》を表《あらわ》します。

使《つか》い方《かた》 コウくん、ハッピーバースデー！

※「バースデー［birthday］」とは、誕生日《たんじょうび》のこと。

関連《かんれん》する言葉《ことば》 ハッピーエンド［和製英語《わせいえいご》］ 物《もの》事《ごと》や、お話《はなし》などが幸《しあわ》せな結末《けつまつ》で終《お》わること。英語《えいご》では「ハッピーエンディング［happy ending］」。

パトロール
〔patrol〕

近所《きんじょ》のおじさんたちが
通学路《つうがくろ》を
パトロールする。

意味《いみ》 ある場所《ばしょ》を見《み》て歩《ある》くこと。巡回《じゅんかい》。警察官《けいさつかん》や警備員《けいびいん》などが事故《じこ》や防犯《ぼうはん》のために、地域《ちいき》を見回《みまわ》ることをいいます。

使《つか》い方《かた》 火《ひ》の元《もと》に注意《ちゅうい》してもらうように、声《こえ》をかけながら近所《きんじょ》のパトロールをする。

関連《かんれん》する言葉《ことば》 パトロールカー〔和製英語《わせいえいご》〕 警察官《けいさつかん》が見回《みまわ》りのときに乗《の》る車《くるま》。略語《りゃくご》は「パトカー」。

ハラスメント

［harassment］

ハラスメントで傷《きず》ついている人《ひと》が周《まわ》りにいるかもしれない。

意味《いみ》 迷惑《めいわく》をかける行《おこな》い。いやがらせ。相手《あいて》にいやな思《おも》いを感《かん》じさせるような行動《こうどう》や発言《はつげん》をすることをいいます。職場《しょくば》や、家庭内《かていない》などいろいろな環境《かんきょう》で行《おこな》われるいやがらせで、社会的《しゃかいてき》な問題《もんだい》になっています。

使《つか》い方《かた》 身体的《しんたいてき》にも精神的《せいしんてき》にも苦痛《くつう》をあたえる、様《さま》ざまなハラスメントがある。

関連《かんれん》する言葉《ことば》

パワーハラスメント［和製英語《わせいえいご》］ 職場内《しょくばない》の地位《ちい》を利用《りよう》して、下《した》の立場《たちば》の人間《にんげん》に無理《むり》な労《ろう》働《どう》を押《お》しつけたり、厳《きび》しい態度《たいど》で注意《ちゅうい》していやな気持《きも》ちにさせたりすること。略語《りゃくご》は「パワハラ」。

セクシャルハラスメント［sexual harassment］ 会社《かいしゃ》、学校《がっこう》その他《ほか》の場面《ばめん》で性的《せいてき》いやがらせをすること。略語《りゃくご》は「セクハラ」。

パワー
［power］

すごい荷物《にもつ》。
パワーがあるんだね！

意味《いみ》 ①力《ちから》。体力《たいりょく》。なしとげる力《ちから》。②機械《きかい》などの動力《どうりょく》。何《なに》かができる力《ちから》。能力《のうりょく》、体力《たいりょく》、動力《どうりょく》など力《ちから》を意味《いみ》します。機械《きかい》の力《ちから》を表《あらわ》す意《い》味《み》もあります。

使《つか》い方《かた》 ①住民《じゅうみん》パワーで、被災地《ひさいち》を復興《ふっこう》させよう。②この機械《きかい》は、人間《にんげん》の三《さん》～四倍《よんばい》のパワーがある。

関連《かんれん》する言葉《ことば》
パワフル［powerful］ 力《ちから》が強《つよ》い様子《ようす》。
パワーカップル［power couple］ 共《とも》に社会《しゃかい》的《てき》に影響力《えいきょうりょく》があり、高収入《こうしゅうにゅう》である夫婦《ふうふ》。
パワーバランス［power balance］ 力《ちから》のバランス。力関係《ちからかんけい》。国《くに》や勢力《せいりょく》の力《ちから》のつり合《あ》い。

ピンチ
［pinch］

意味《いみ》 ①危《あぶ》ない状況《じょうきょう》。差《さ》しせまった状態《じょうたい》。②つまむ。洗《せん》たくばさみなどのはさむ道具《どうぐ》。

英語《えいご》では「つまむ」「はさむ」「しめつける」「ちぢみ上《あ》がらせる」という意味《いみ》がおもに使《つか》われています。

使《つか》い方《かた》 ①後半《こうはん》に五点《ごてん》取《と》られてピンチに追《お》いこまれた。②ぞうきんをピンチではさんで、風《かぜ》に飛《と》ばされないようにしよう。

関連《かんれん》する言葉《ことば》 ピンチヒッター［pinch hitter］
野球《やきゅう》で点《てん》が入《はい》りそうになったときの代《か》わりの打者《だしゃ》、代打《だいだ》。また、緊急《きんきゅう》である人《ひと》の仕事《しごと》を代《か》わりにする人《ひと》。

ファストフード
［fast food］

意味《いみ》 すぐに用意《ようい》される食事《しょくじ》や軽食《けいしょく》。

ファスト［fast］は「はやい」、フード［food］は「食《た》べ物《もの》」の意味《いみ》で、調理《ちょうり》を待《ま》たずに早《はや》く食《た》べられる、手軽《てがる》な食事《しょくじ》、食品《しょくひん》のことです。ハンバーガー、フライドチキン、牛丼《ぎゅうどん》などです。「ファーストフード」と表記《ひょうき》することもあります。

使《つか》い方《かた》 ここは世界的《せかいてき》に人気《にんき》のある、ファストフード店《てん》だ。

関連《かんれん》する言葉《ことば》 フードロス［food loss］ あまった食品《しょくひん》を捨《す》てること。食品廃棄物《しょくひんはいきぶつ》。
ジャンクフード［junk food］ スナック菓子《がし》、インスタント食品《しょくひん》など、高《こう》カロリーで栄養価《えいようか》が低《ひく》い食品《しょくひん》。

似《に》た言葉《ことば》 インスタント［instant］ 瞬間《しゅんかん》、即座《そくざ》という意味《いみ》があり、「インスタント食品《しょくひん》」などと使《つか》われる。

ファッション
［fashion］

コアラくんは、おしゃれなファッションが好《す》きなんだ。

意味《いみ》 はやりの服装《ふくそう》。おもに特定《とくてい》の時期《じき》に人気《にんき》のある服装《ふくそう》を表《あらわ》します。単《たん》に「服装《ふくそう》」を表《あらわ》すこともあります。

使《つか》い方《かた》 かれの今日《きょう》のファッションはすてきだね。

関連《かんれん》する言葉《ことば》 ファッションショー［fashion show］ 洋服《ようふく》の新作発表会《しんさくはっぴょうかい》。モデルが洋服《ようふく》メーカーの最新作《さいしんさく》を身《み》に着《つ》けて、観客《かんきゃく》に見《み》せること。流行《りゅうこう》を発信《はっしん》する場《ば》となる。
ファッショナブル［fashionable］ 流行《りゅうこう》に敏《びん》感《かん》な様子《ようす》。「ファッショナブルな職業《しょくぎょう》」などと使《つか》う。

ファミリー
［family］

これはコアラくんのファミリーです。

意味《いみ》 **家族《かぞく》。身内《みうち》。**

両親《りょうしん》、子《こ》ども、兄弟姉妹《きょうだいしまい》など、家族《かぞく》を意味《いみ》します。血《ち》のつながりがあったり、法的《ほうてき》に結《むす》ばれたりした集団《しゅうだん》を指《さ》します。また、組織《そしき》の仲間《なかま》のこともいいます。

使い方《つかいかた》 うちの会社《かいしゃ》は、家族《かぞく》で経営《けいえい》する**ファミリー**企業《きぎょう》です。

関連《かんれん》する言葉《ことば》

ファミリーカー［family car］ 普通車《ふつうしゃ》。競技用《きょうぎよう》のスポーツカーや運転手《うんてんしゅ》つきの高級《こうきゅう》な車《くるま》ではなく、家庭《かてい》で使《つか》う車《くるま》。

ファミリーレストラン［family restaurant］ 家族《かぞく》で利用《りよう》できる気軽《きがる》なレストラン。略語《りゃくご》の「ファミレス」は、海外《かいがい》では通《つう》じない。

フィールド
［field］

昆虫《こんちゅう》の観察《かんさつ》をしましょう。フィールドに出《で》て、

意味《いみ》 ①野外《やがい》。野原《のはら》。②陸上競技場《りくじょうきょうぎじょう》で、やり投《な》げ、高跳《たかと》びなどを行《おこな》う、競技場《きょうぎじょう》の内側《うちがわ》のところ。

野《の》や原《はら》などの一面《いちめん》の広《ひろ》がり、ある目的《もくてき》のための領域《りょういき》などを表《あらわ》します。

使《つか》い方《かた》 ①広大《こうだい》なフィールドには、野生《やせい》動物《どうぶつ》がのびのびくらす。②棒高跳《ぼうたかと》びや砲丸投《ほうがんな》げなどは、フィールド競技《きょうぎ》だ。

関連《かんれん》する言葉《ことば》

フィールドアスレチック［和製《わせい》英語《えいご》］　野外《やがい》［field］と運動《うんどう》［athletic］を合《あ》わせた野外運動場《やがいうんどうじょう》のこと。その場所《ばしょ》の地形《ちけい》をいかして、途中《とちゅう》に障害物《しょうがいぶつ》や遊具《ゆうぐ》を置《お》いたスポーツ施設《しせつ》。※登録商標《とうろくしょうひょう》。

フィールドワーク［fieldwork］　現地《げんち》に行《い》って、採集調査《さいしゅうちょうさ》や研究《けんきゅう》を行《おこな》うこと。

ア
カ
サ
タ・ナ
ハ
マ
ヤ・ラ・ワ

フェア
［fair］

判定《はんてい》はフェアにしないと、試合《しあい》がおもしろくない。

意味《いみ》 ①公平《こうへい》で正《ただ》しい様子《ようす》。②もよおし。③野球《やきゅう》などで球《たま》が規定《きてい》の場所《ばしょ》に入《はい》ること。

公平《こうへい》な、正当《せいとう》なという意味《いみ》があります。さらに、祭《まつ》り、展示会《てんじかい》などのイベントを表《あらわ》すこともあります。

使《つか》い方《かた》 ①かれはフェアな人《ひと》だ。②このデパートでは、定期的《ていきてき》に北海道《ほっかいどう》フェアが開《ひら》かれる。③今《いま》の球《たま》がフェアかどうか、ビデオ判定《はんてい》で決《き》められる。

関連《かんれん》する言葉《ことば》 フェアプレー［fair play］ ルールを守《まも》り、正々堂々《せいせいどうどう》と試合《しあい》をすること。

反対《はんたい》の言葉《ことば》 ファウル［foul］ ①競技《きょうぎ》で規則《きそく》をやぶること。②野球《やきゅう》で打《う》った球《たま》が一塁線《いちるいせん》、三塁線《さんるいせん》を出《で》ること。ファウルボール。

プラス
［plus］

ハンバーガーに、チーズをプラスしてください。
チーズ

意味《いみ》 ①加《くわ》えること。②よいこと。追加《ついか》、増加《ぞうか》することなどの意味《いみ》があります。算数《さんすう》の記号《きごう》「＋（たす）」も「プラス」と言《い》うことがあります。前向《まえむ》きな考《かんが》え方《かた》にも使《つか》われます。

使《つか》い方《かた》 ①このカードを使《つか》うと特典《とくてん》ポイントがプラスされる。②あの人《ひと》のよいところは、なんでもプラスに考《かんが》えることだ。

関連《かんれん》する言葉《ことば》 プラスアルファ［和製英語《わせいえいご》］ものものに、いくつかつけ加《くわ》えること。アルファ「α」はギリシャ文字《もじ》の第一字《だいいちじ》で、数学《すうがく》などで値《あたい》がわかっていない数《かず》を表《あらわ》す。

反対《はんたい》の言葉《ことば》 マイナス［minus］ 引《ひ》くこと。不足《ふそく》。（121ページ）

フリー
[free]

今日《きょう》は一日中《いちにちじゅう》フリーだから、何時《なんじ》に来《き》てもだいじょうぶだよ。

意味《いみ》 ①自由《じゆう》。②無料《むりょう》。③どこにも属《ぞく》さないこと。

「自由《じゆう》でとらわれない」という意味《いみ》にも使《つか》われます。また、「無料《むりょう》」「アルコールフリー」や「オイルフリー」など、ほかの言葉《ことば》の下《した》について、その物質《ぶっしつ》が入《はい》っていないことも表《あらわ》します。

使《つか》い方《かた》 ①日曜日《にちようび》はフリーな時間《じかん》がとれる。②持《も》ち帰《かえ》ってもいい、フリーペーパー（[paper]紙《かみ》）だよ。③コウくんは、フリーのライター（119ページ）だよ。

関連《かんれん》する言葉《ことば》
フリースタイル[freestyle] やり方《かた》や形式《けいしき》が自由《じゆう》であること。水泳《すいえい》の自由形《じゆうがた》。
フリータイム[free time] 自由《じゆう》な時間《じかん》。
フリーダイヤル[和製英語《わせいえいご》] 電話《でんわ》を受《う》ける側《がわ》が料金《りょうきん》を支払《しはら》う方式《ほうしき》。※登録商標《とうろくしょうひょう》。

フル
［full］

意味《いみ》 いっぱいであること。完全《かんぜん》な。

入《い》れ物《もの》や空間《くうかん》がいっぱい、満《み》ちている様子《ようす》をいいます。また、能力《のうりょく》や機能《きのう》が最大《さいだい》に達《たっ》した状態《じょうたい》も表《あらわ》します。

使《つか》い方《かた》 力《ちから》をフルに発揮《はっき》する。

関連《かんれん》する言葉《ことば》

フルネーム［full name］ 名字《みょうじ》と名前《なまえ》。

フルスピード［full speed］ 出《だ》せる限《かぎ》りの速度《そくど》。

フルタイム［full time］ 決《き》められた勤務時間《きんむじかん》のなかで、すべての時間帯《じかんたい》で働《はたら》くこと。

プレミアム
［premium］

これはプレミアムチケットだよ。
なかなか手《て》に入《はい》らないよ。

意味《いみ》 ①上等《じょうとう》の。高級《こうきゅう》な。②決《き》められた金額《きんがく》に上乗《うわの》せされた割増金《わりましきん》。③景品《けいひん》がついた商品《しょうひん》。

おもに「高級《こうきゅう》」を表《あらわ》す意味《いみ》として使《つか》われます。記念切手《きねんきって》や人気《にんき》の入場券《にゅうじょうけん》など、「売《う》り出《だ》し金額《きんがく》に割増金《わりましきん》がつくこと」、「商品《しょうひん》につく景品《けいひん》」の意味《いみ》もあります。

使《つか》い方《かた》 ①一点物《いってんもの》のプレミアム感《かん》がある時計《とけい》。②人気歌手《にんきかしゅ》のチケットは、正規《せいき》の値段《ねだん》の二倍《にばい》のプレミアムがついた。③プレミアムキャンペーンで景品《けいひん》をもらった。

関連《かんれん》する言葉《ことば》 プレミア［premiere］ 日本《にほん》では「プレミアム」の略語《りゃくご》としても使《つか》われるが、英語《えいご》では「初日《しょにち》。最初《さいしょ》の。主要《しゅよう》な」という意味《いみ》。

ヘイトスピーチ

[hate speech]

意味《いみ》 **憎悪《ぞうお》に満《み》ちた表現《ひょうげん》。**

ヘイト[hate]とは「憎《にく》しみ」、スピーチ[speech]は「演説《えんぜつ》」という意味《いみ》の英語《えいご》です。ヘイトスピーチとは、特定《とくてい》の人《ひと》、出身国《しゅっしんこく》、宗教《しゅうきょう》などに対《たい》して、社会《しゃかい》から追《お》い出《だ》そうとしたり、危害《きがい》を加《くわ》えたりする言動《げんどう》を行《おこな》うことです。

使《つか》い方《かた》 街中《まちなか》やインターネットなどで、**ヘイトスピーチ**を見《み》たり聞《き》いたりした。

関連《かんれん》する言葉《ことば》 **ヘイトクライム**[hate crime]
特定《とくてい》の民族《みんぞく》や国《くに》の出身者《しゅっしんしゃ》や宗教《しゅうきょう》に対《たい》して起《お》こす、いやがらせや脅迫《きょうはく》などの犯罪《はんざい》。

ベース
［base］

卵《たまご》の色《いろ》をベースに、壁《かべ》をぬってみた。

意味《いみ》 ①もとになるもの。②拠点《きょてん》。
土台《どだい》、基本《きほん》、基礎《きそ》のことです。基地《きち》や拠点《きょてん》のこともいいます。また、野球《やきゅう》の内野《ないや》の四《よっ》つの塁《るい》（一《いち》・二《に》・三《さん》・本塁《ほんるい》）もベースといいます。

使《つか》い方《かた》 ①こんぶだしをベースにして、ラーメンのスープをつくる。②この場《ば》所《しょ》をベースにして、昆虫採集《こんちゅうさいしゅう》をしよう。

関連《かんれん》する言葉《ことば》 ベースキャンプ［base camp］
山登《やまのぼ》りをする人《ひと》たちが拠点《きょてん》とするところ。軍《ぐん》隊《たい》の基地《きち》。合宿場《がっしゅくじょう》。

ベスト
［best］

意味《いみ》 もっともよい。

よく売《う》れた商品《しょうひん》を「ベストセラー」、自《じ》分《ぶん》のいちばんよい記録《きろく》を「自己《じこ》ベスト」などといいます。

使《つか》い方《かた》 このチームにふさわしい、ベストな選手《せんしゅ》を選《えら》んだ。

関連《かんれん》する言葉《ことば》 ベストセラー［best seller］ ある期間《きかん》にいちばん売《う》れたもの。

反対《はんたい》の言葉《ことば》 ワースト［worst］ 最低《さいてい》、最悪《さいあく》なこと。（152ページ）

ホーム
［home］

去年《きょねん》、ニューヨークにマイホームを建《た》てました。

※マイ［my］ 私《わたし》の。
マイホーム（和製英語《わせいえいご》）は、「持《も》ち家《いえ》」という意味《いみ》。（122ページ）

意味《いみ》 ①家《いえ》。故郷《こきょう》。②人《ひと》びとを収容《しゅうよう》する施設《しせつ》。
ほかに、野球《やきゅう》の本塁《ほんるい》（「ホームベース」の略《りゃく》）のこともいいます。

使《つか》い方《かた》 ①週末《しゅうまつ》、おばあちゃんを呼《よ》んでホームパーティーをしよう。②高齢者《こうれいしゃ》専用《せんよう》のグループホーム。

関連《かんれん》する言葉《ことば》
ホームシック［homesick］ 家《いえ》やふるさとをこいしく思《おも》う気持《きも》ち。
ホームパーティー［和製英語《わせいえいご》］ 友人《ゆうじん》、家族《かぞく》、親族《しんぞく》などを、家《いえ》でもてなすこと。英語《えいご》では「ハウスパーティー［house party］」という。
ホームステイ［homestay］ 外国《がいこく》からの留学生《りゅうがくせい》が滞在先《たいざいさき》の家庭《かてい》にとまり、家族《かぞく》といっしょに生活《せいかつ》すること。

ホット
［hot］

意味《いみ》 ①熱《あつ》いこと。②人気《にんき》や話題《わだい》となること。

温度《おんど》が熱《あつ》いことのほか、からいものや刺激《しげき》のある食《た》べ物《もの》についても「ホット」ということがあります。また、人気《にんき》がある、話題性《わだいせい》があることにも使《つか》います。

使《つか》い方《かた》 ①寝《ね》る前《まえ》にホットミルクを飲《の》みました。②コウくんはいつもホットな情報《じょうほう》をつかんでいる。

関連《かんれん》する言葉《ことば》 ホットドッグ［hot dog］ 細長《ほそなが》いパンに、あたたかいソーセージなどをはさんだ食《た》べ物《もの》。

ポリシー
［policy］

このクラスのポリシーは、一致団結《いっちだんけつ》することだ。

意味《いみ》 目的《もくてき》を果《は》たすための方針《ほうしん》。目的《もくてき》を達成《たっせい》するために決《き》めた、自分《じぶん》や組織《そしき》の考《かんが》え、方針《ほうしん》、指針《ししん》を意味《いみ》します。

使《つか》い方《かた》 私《わたし》のポリシーは自分《じぶん》でやりとげることだ。

似《に》た言葉《ことば》 スタンス［stance］ ①立場《たちば》。態度《たいど》。②野球《やきゅう》、ゴルフ、テニスなど、球《たま》を打《う》つときの両足《りょうあし》の位置《いち》や構《かま》え。

コンセプト［concept］ ぶれることのない方針《ほうしん》や考《かんが》え。基本的《きほんてき》な方向性《ほうこうせい》。

「スタンス」はどういう立場《たちば》、態度《たいど》をとるかの意味《いみ》で、状況《じょうきょう》によって変《か》わることがある。「コンセプト」は、基本《きほん》となる考《かんが》え方《かた》や観点《かんてん》を意味《いみ》する。

パーティー〔party〕 ①おおぜいで集《あつ》まって楽《たの》しむ会《かい》。②団体《だんたい》。仲間《なかま》。

パートナー〔partner〕 いっしょに物事《ものごと》をする相手《あいて》。連《つ》れ合《あ》い。相棒《あいぼう》。

ハードル〔hurdle〕 ①木《き》の枠《わく》などでつくられた障害物《しょうがいぶつ》。それを飛《と》び越《こ》えて速《はや》さを競《きそ》う競技《きょうぎ》。②乗《の》り越《こ》えるべき困難《こんなん》。

バーベキュー〔barbecue〕 肉《にく》、魚《さかな》、野菜《やさい》などをくしにさして、野外《やがい》で焼《や》いて食《た》べる料理《りょうり》。「BBQ《ビービーキュー》」は略語《りゃくご》。

バイリンガル〔bilingual〕 二《ふた》つの言語《げんご》を話《はな》せる人《ひと》。

ハザード〔hazard〕 あぶないこと。危険《きけん》。 関連《かんれん》する言葉《ことば》 **ハザードマップ**〔hazard map〕 災害予測地図《さいがいよそくちず》。

パスポート〔passport〕 海外旅行《かいがいりょこう》に行《い》くときに必要《ひつよう》になる旅券《りょけん》。

パッケージ〔package〕 品物《しなもの》をつつむこと。荷物《にもつ》。

バッシング〔bashing〕 非難《ひなん》する。責《せ》めること。

パティシエ〔フランス語《ご》〕 ケーキや菓子《かし》をつくる人《ひと》。

パニック〔panic〕 思《おも》いがけない事実《じじつ》に直面《ちょくめん》し、混乱《こんらん》してしまう状態《じょうたい》。

パフォーマンス〔performance〕 ①劇《げき》や音楽《おんがく》を人《ひと》に披露《ひろう》すること。人目《ひとめ》をひくための行動《こうどう》。②機械《きかい》の性能《せいのう》、機能《きのう》、動作《どうさ》。

パラダイス〔paradise〕 楽園《らくえん》。たとえとしての天国《てんごく》。

バリアフリー〔barrier-free〕 高齢者《こうれいしゃ》や体《からだ》の不自由《ふじゆう》な人《ひと》の生活《せいかつ》に障害《しょうがい》となるものを取《と》りのぞくこと。

パレード〔parade〕 行列《ぎょうれつ》で、はなやかに行進《こうしん》すること。

ヒーロー〔hero〕 英雄《えいゆう》。男性《だんせい》の主人公《しゅじんこう》。（55ページ） 関連《かんれん》する言葉《ことば》 **ヒロイン**〔heroine〕 中心《ちゅうしん》となる女性《じょせい》。女性《じょせい》の主人公《しゅじんこう》。

ビジネス〔business〕 仕事《しごと》。労働《ろうどう》。

ヒント〔hint〕 それとなく正解《せいかい》に導《みちび》く手《て》がかり。

ファンタジー〔fantasy〕 空想《くうそう》。幻想《げんそう》。

フィットネス〔fitness〕 健康《けんこう》、体力向上《たいりょくこうじょう》のための運動《うんどう》。

フィニッシュ〔finish〕 終《お》わる。仕上《しあ》げること。

フィルター〔filter〕 ①よけいなものをこす装置《そうち》。②カメラのレンズにつけて光《ひかり》の量《りょう》を調整《ちょうせい》するガラス。

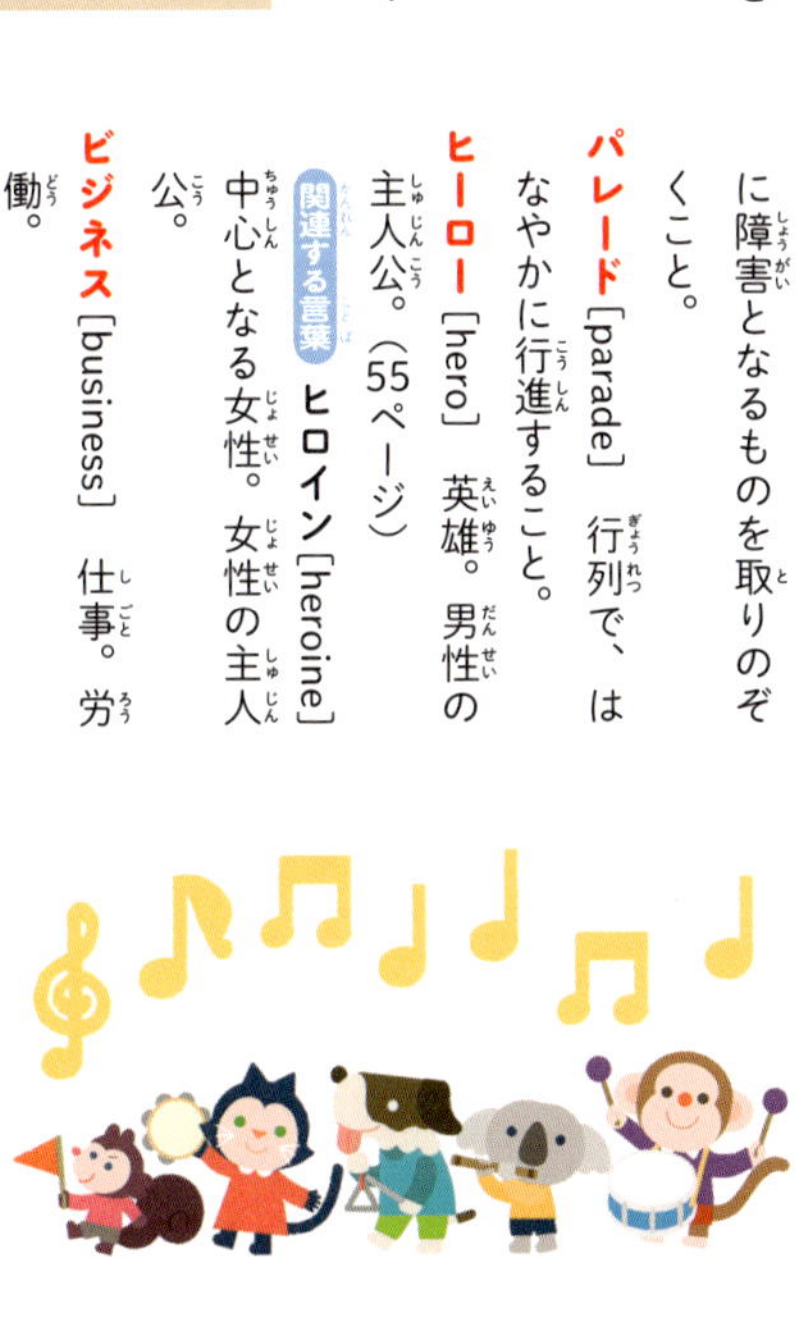

ブーム［boom］　人気《にんき》が出《で》てすごい勢《いきお》いで流行《りゅうこう》すること。
フェスティバル［festival］　祭《まつ》り。もよおし。
フォロー［follow］　①ついていく。従《したが》う。②うまくいくように助《たす》けること。
プライド［pride］　自分自身《じぶんじしん》を大切《たいせつ》にする気持《きも》ち。ほこり。
プライバシー［privacy］　他人《たにん》には干渉《かんしょう》されない個人《こじん》のことや生活《せいかつ》。
プライベート［private］　その人《ひと》だけのこと。個人的《こじんてき》なこと。
プレッシャー［pressure］　圧力《あつりょく》。圧力《あつりょく》を感《かん》じること。
プログラム［program］　①番組内容《ばんぐみないよう》。②コンピューターに仕事《しごと》をさせる手順《てじゅん》を組《く》んだもの。
プロダクション［production］　①生産《せいさん》。製作《せいさく》。②芸能人《げいのうじん》などの人材《じんざい》を集《あつ》めて事業《じぎょう》を行《おこな》う組織《そしき》。
プロフィール［profile］　どのような人《ひと》かしょうかいしたもの。
フロント［front］　①前面《ぜんめん》。②「フロントデスク」の略《りゃく》で、ホテルなどの受付《うけつけ》。
ペット［pet］　かわいがって育《そだ》てる動物《どうぶつ》。

ペットボトル［和製英語《わせいえいご》］　ポリエチレンテレフタレート（PET）という素材《そざい》でつくられた容器《ようき》。英語《えいご》では「プラスチックボトル［plastic bottle］」。
ペナルティー［penalty］　罰《ばつ》。罰金《ばっきん》。
ヘルシー［healthy］　健康的《けんこうてき》な様子《ようす》。
ヘルパー［helper］　手伝《てつだ》い。家事《かじ》や仕事《しごと》を手伝《てつだ》う人《ひと》。
ポイント［point］　①点《てん》。地点《ちてん》。②大切《たいせつ》なところ。③線路《せんろ》の分《わ》かれ目《め》で列車《れっしゃ》を入《い》れかえるしかけ。

ホープ［hope］　のぞみ。希望《きぼう》。期待《きたい》をかけられている人《ひと》。
ボキャブラリー［vocabulary］　単語《たんご》の集《あつ》まり。語《ご》い。
ポジティブ［positive］　前向《まえむ》きな。積極的《せっきょくてき》な。反対《はんたい》の言葉《ことば》 **ネガティブ**［negative］　後《うし》ろ向《む》き。否定的《ひていてき》な。消極的《しょうきょくてき》。
ポスト［post］　①郵便物《ゆうびんぶつ》を入《い》れる箱《はこ》。郵便受《ゆうびんう》け。②仕事《しごと》の地位《ちい》。役目《やくめ》。
ポピュラー［popular］　広《ひろ》く知《し》られている様子《ようす》。人気《にんき》のある。
ボランティア［volunteer］　世《よ》のために進《すす》んで、無償《むしょう》で働《はたら》く人《ひと》。
ボリューム［volume］　物《もの》の分量《ぶんりょう》。音《おと》の量《りょう》。

同《おな》じ読《よ》みで意味《いみ》が違《ちが》う言葉《ことば》

カタカナ語《ご》では、同《おな》じ読《よ》み方《かた》をしても意味《いみ》がまったく違《ちが》う言葉《ことば》があります。
（英語《えいご》では発音《はつおん》が違《ちが》うものがあります）

セール

［sale］（64ページ）
売《う》り出《だ》し。

［sail］
帆船《はんせん》。帆《ほ》。

メジャー

［measure］
巻《ま》き尺《じゃく》。測《はか》り。

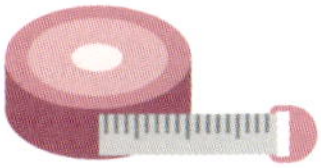

［major］（127ページ）
①おもな。大《おお》きな。
②（アメリカの野球《やきゅう》で）メジャーリーグの略《りゃく》。

レース

［race］
競走《きょうそう》。

［lace］
すかしの模様《もよう》の布《ぬの》など。

ライト

［right］（137ページ）
右《みぎ》。

［light］（136ページ）
①光《ひかり》。照明《しょうめい》。
②軽《かる》い。あっさりしていること。

ライター

［lighter］
火《ひ》をつける小型《こがた》の装置《そうち》。

［writer］
作家《さっか》。文章《ぶんしょう》を書《か》く人《ひと》。

チップ

［tip］
サービスに対《たい》して感謝《かんしゃ》の気持《きも》ちとしてわたすお金《かね》。

［chip］
はへん、野菜《やさい》やくだものをうすく切《き》ったもの。コンピューター内《ない》の集積回路《しゅうせきかいろ》。

マウス

［mouse］（132ページ）
ネズミ。

［mouth］
口《くち》。

マーケット
[market]

このマーケットには新鮮《しんせん》な魚《さかな》がたくさんある。

意味《いみ》 物《もの》を売《う》る人《ひと》と買《か》う人《ひと》が集《あつ》まって、様《さま》ざまな取《と》り引《ひ》きが行《おこな》われる場所《ばしょ》。

おもに食品《しょくひん》や日用品《にちようひん》などの小売店《こうりてん》が集《あつ》まっている市場《いちば》をいいます。スーパーマーケットのことも指《さ》します。会社《かいしゃ》の株《かぶ》や外国《がいこく》の金《かね》を取《と》り引《ひ》きする市場《しじょう》もマーケットといいます。

使《つか》い方《かた》 経済《けいざい》に興味《きょうみ》があるなら、マーケット情報《じょうほう》のニュースを見《み》るとよい。

関連《かんれん》する言葉《ことば》

ファーマーズマーケット[farmers market] 地域《ちいき》の農家《のうか》が集《あつ》まって、自分《じぶん》たちが生産《せいさん》した農産物《のうさんぶつ》を直接《ちょくせつ》売《う》る場所《ばしょ》。

マーケティングリサーチ[marketing research] 現在《げんざい》、何《なに》がどのくらい売《う》れているかを調《しら》べて、この先《さき》、何《なに》が売《う》れるか、予想《よそう》をすること。

マイナス
［minus］

名前《なまえ》を書《か》き忘《わす》れて、
点数《てんすう》をマイナスされた。

あらま。

※記号《きごう》では「－」を使《つか》います。

意味《いみ》 ①引《ひ》くこと。足《た》りないこと。②よくないこと。

引《ひ》き算《ざん》のように、何《なに》かから何《なに》かを引《ひ》くことが「マイナス」です。足《た》りないこと、よくない状態《じょうたい》も「マイナス」といいます。また、ゼロより小《ちい》さい数《かず》はマイナスを使《つか》って表《あらわ》してます。

使《つか》い方《かた》 ①朝《あさ》は冷《ひ》えて、気温《きおん》がマイナスになった。②あの人《ひと》はいつもマイナスな考《かんが》え方《かた》をして勝手《かって》に落《お》ちこんでいる。

反対《はんたい》の言葉《ことば》 プラス［plus］ 加《くわ》えること。よいこと。（107ページ）

マイペース

［和製英語《わせいえいご》］

ねこちゃんは、何事《なにごと》もマイペースに取《と》り組《く》む。

意味《いみ》 自分《じぶん》に合《あ》ったやり方《かた》や速《はや》さ。

マイ（自分《じぶん》［my］）とペース（速度《そくど》［pace］）を合《あ》わせた、日本《にほん》でつくられた言葉《ことば》で、海外《かいがい》では通《つう》じません。おおらかで他人《たにん》にまどわされないというときにも使《つか》われます。

使《つか》い方《かた》 かれはマイペースなところもあるが、自分勝手《じぶんかって》というわけではない。

関連《かんれん》する言葉《ことば》

マイホーム［和製英語《わせいえいご》］ 持《も》ち家《いえ》。

マイカー［和製英語《わせいえいご》］ 自家用自動車《じかようじどうしゃ》。

マイブーム［和製英語《わせいえいご》］ 自分《じぶん》が興味《きょうみ》をもっている物事《ものごと》。

マジック
［magic］

きつねちゃんのマジックは、大《だい》人《にん》気《き》だ。

意味《いみ》 手品《てじな》。魔術《まじゅつ》。魔法《まほう》。

「手品《てじな》」という意味《いみ》で使《つか》われますが、「マジック」が上《うえ》についた言葉《ことば》があります。いずれも、「ふしぎな」、「信《しん》じられないような」という意味《いみ》になります。ただし、日本《にほん》でつくられた言葉《ことば》も多《おお》くあります。

使《つか》い方《かた》 電子《でんし》レンジを使《つか》うと、マジックのように料理《りょうり》ができる。

関連《かんれん》する言葉《ことば》

マジックミラー［和製英語《わせいえいご》］ 一方《いっぽう》からは鏡《かがみ》のように見《み》えて、もう一方《いっぽう》はガラスのように向《む》こう側《がわ》がすけて見《み》える鏡《かがみ》。

マジックハンド［和製英語《わせいえいご》］ 人間《にんげん》の手《て》と同《おな》じ働《はたら》きをする装置《そうち》。介護《かいご》の現場《げんば》で使《つか》われる小《こ》型《がた》のものや、工場《こうじょう》などで使用《しよう》する大型《おおがた》の機械《きかい》まである。

人《ひと》を笑《わら》わせるつかみは、マスターしたよ！

マスター
［master］

意味《いみ》 ①主人《しゅじん》。やとい主《ぬし》。②技術《ぎじゅつ》などを習得《しゅうとく》すること。飲食店《いんしょくてん》の経営者《けいえいしゃ》や支配人《しはいにん》、芸術分野《げいじゅつぶんや》の名人《めいじん》のことも意味《いみ》します。また、物事《ものごと》を習得《しゅうとく》することもいいます。

使《つか》い方《かた》 ①カフェのマスターにコーヒーのいれ方《かた》を教《おし》えてもらった。②なんとか英語《えいご》をマスターしたい。

関連《かんれん》する言葉《ことば》 コンサートマスター［concert master］ オーケストラの演奏者《えんそうしゃ》のまとめ役《やく》。第一《だいいち》バイオリンの首席《しゅせき》が務《つと》める。

似《に》た言葉《ことば》 マイスター［ドイツ語《ご》］ 名人《めいじん》、巨匠《きょしょう》の意味《いみ》で、「マスター」より専門的《せんもんてき》な技能《ぎのう》をもつ人《ひと》。

ミニ
［mini］

いろいろな種《しゅ》類《るい》をたくさん食《た》べたいので、ミニサイズがうれしい。

※サイズ［size］　大《おお》きさ。寸法《すんぽう》。

意味《いみ》　**小《ちい》さい。小型《こがた》のもの。**
「ミニトマト」、「ミニスカート」など、「ミニ」を単語《たんご》の前《まえ》につけると、それがほかのものより小《ちい》さいという意味《いみ》になります。

使《つか》い方《かた》　**ミニ**パトが駅前《えきまえ》を見回《みまわ》りしている。

※パトは「パトロールカー」の略《りゃく》。（98ページ）

関連《かんれん》する言葉《ことば》　**ミニチュア**［miniature］　小型《こがた》の物《もの》。本物《ほんもの》そっくりにつくられた小型《こがた》の模型《もけい》。

似《に》た言葉《ことば》　**ミクロ**［micro］　とても小《ちい》さい。ドイツ語《ご》・フランス語《ご》の読《よ》み方《かた》で、英語《えいご》では「マイクロ」と発音《はつおん》する。

反対《はんたい》の言葉《ことば》　**ミニマム**［minimum］　最小《さいしょう》。最小限《さいしょうげん》。**ビッグ**［big］　大《おお》きい。大型《おおがた》。

メイン
［main］

発《はっ》表《ぴょう》会《かい》
今日《きょう》は、さるくんがメインだから、がんばってね。

意味《いみ》 中心《ちゅうしん》であること。おもな。ある物事《ものごと》や人《ひと》のなかで、とくに重要《じゅうよう》な状態《じょうたい》のことです。

使《つか》い方《かた》 今日《きょう》のメインとなる料理《りょうり》はなんですか。

関連《かんれん》する言葉《ことば》

メインイベント［main event］ もよおし物《もの》で中心《ちゅうしん》になるもの。

メインスタンド［和製英語《わせいえいご》］ 野球場《やきゅうじょう》や競技《きょうぎ》場《じょう》などの正面《しょうめん》になる観客席《かんきゃくせき》。

メインストリート［main street］ 本通《ほんどお》り。その地区《ちく》のおもな通《とお》り。

メインディッシュ［main dish］ こんだての中心《ちゅうしん》になる料理《りょうり》。

反対《はんたい》の言葉《ことば》 サブ［sub］ 補欠《ほけつ》。副《ふく》。

メジャー
［major］

意味《いみ》 重要《じゅうよう》な。一流《いちりゅう》。人気《にんき》のある。広《ひろ》く世間《せけん》に知《し》られていること、有名《ゆうめい》なことです。また、音楽《おんがく》の長音階《ちょうおんかい》のことをもいいます。

使《つか》い方《かた》 京都《きょうと》は、メジャーな観光地《かんこうち》の一《ひと》つだ。

デビューして、
メジャーになるまで
絶《ぜっ》対《たい》にあきらめないよ！

※デビュー［debut］ 新《しん》人《じん》が初《はじ》めて人前《ひとまえ》に登場《とうじょう》すること。語源《ごげん》はフランス語《ご》。

関連《かんれん》する言葉《ことば》
メジャーリーグ［major league］ アメリカのプロ野球《やきゅう》のトップリーグ。（119ページ）
メジャーレーベル［major label］ 大手《おおて》のレコード会社《がいしゃ》。

反対《はんたい》の言葉《ことば》
マイナー［minor］ 規模《きぼ》が小《ちい》さい。ランクが下《した》。音楽《おんがく》の短音階《たんおんかい》。

メリット
[merit]

意味《いみ》 利益《りえき》。価値《かち》。この意味《いみ》で使《つか》うのは日本《にほん》だけです。英《えい》語《ご》の意味《いみ》は、「優秀《ゆうしゅう》」「長所《ちょうしょ》」「手柄《てがら》」などです。

使《つか》い方《かた》 こんなにがんばっているのに、私《わたし》にはメリットは何《なに》もない。

似《に》た言葉《ことば》 アドバンテージ[advantage] ①有利《ゆうり》。利益《りえき》。価値《かち》。②テニス、卓球《たっきゅう》でジュース（勝《か》つために必要《ひつよう》な得点《とくてん》より一点少《いってんすく》なくて双方《そうほう》が同点《どうてん》の状態《じょうたい》）のあとに取《と》った得点《とくてん》。

反対《はんたい》の言葉《ことば》 デメリット[demerit] 損《そん》をする点《てん》。不利益《ふりえき》。英語《えいご》では「短所《たんしょ》」「欠点《けってん》」という意味《いみ》。

モーニング

［morning］

ここの店《みせ》のモーニングサービスのメニューはとてもおいしい。

※サービス［service］ もてなすこと。（67ページ） モーニングサービス（和製英語《わせいえいご》）は、「ホテルや店《みせ》で朝食《ちょうしょく》を提供《ていきょう》する」という意味《いみ》。

モーニングを着《き》て、モーニングを食《た》べに来《き》た！

意味《いみ》 **朝《あさ》。午前《ごぜん》。**
「朝《あさ》」「午前中《ごぜんちゅう》」の意味《いみ》のほか、男性《だんせい》が儀式《ぎしき》で着《き》る礼服《れいふく》を「モーニングコート」といい、略《りゃく》して「モーニング」ともいいます。

使《つか》い方《かた》 兄《あに》は結婚式《けっこんしき》でまっ白《しろ》なモーニングを着《き》た。

関連《かんれん》する言葉《ことば》 **グッドモーニング**［good morning］ 朝《あさ》のあいさつ。おはよう。
モーニングコール［和製英語《わせいえいご》］ ホテルなどで、朝《あさ》、起《お》きる時間《じかん》になると知《し》らせてくれるサービス。

モットー
［motto］

意味《いみ》 ふだん行動《こうどう》するうえで、心《こころ》がけていること。目標《もくひょう》。

語源《ごげん》はイタリア語《ご》です。昔《むかし》のイタリアでは、騎士《きし》が戦《たたか》いの前《まえ》に、持《も》っている盾《たて》や身《み》に着《つ》ける鎧《よろい》などに目標《もくひょう》とする言葉《ことば》を書《か》き、それを「motto」と言《い》ったそうです。

使《つか》い方《かた》 あの会社《かいしゃ》のモットーは「ほかの会社《かいしゃ》とは違《ちが》うことを考《かんが》えよう」だ。

似《に》た言葉《ことば》 スローガン［slogan］ ある集団《しゅうだん》や会社《かいしゃ》などがかかげている目標《もくひょう》。「モットー」は日常《にちじょう》の行動《こうどう》の目標《もくひょう》となるようなこと。「スローガン」は自分《じぶん》たちの主義《しゅぎ》を強《つよ》く知《し》らせるためのもの。

モラル
[moral]

意味《いみ》 人《ひと》として守《まも》らなければならない正《ただ》しい行《おこな》い。
社会《しゃかい》のなかで生活《せいかつ》するうえで守《まも》るべき正《ただ》しい行動《こうどう》や考《かんが》えです。

使《つか》い方《かた》 あんなにモラルがない人《ひと》とは、二度《にど》と会《あ》いたくない。

関連《かんれん》する言葉《ことば》 モラルハザード[moral hazard] 倫理崩壊《りんりほうかい》。倫理観《りんりかん》、道徳節度《どうとくせつど》がなく、社会的《しゃかいてき》な責任《せきにん》を果《は》たさないこと。もとは保険用語《ほけんようご》。

似《に》た言葉《ことば》 ルール[rule] 規則《きそく》。決《き》まり。「モラル」は人《ひと》や社会《しゃかい》が守《まも》らなければならない行《おこな》いで、「ルール」は時《とき》には罰則《ばっそく》が生《しょう》じる規則《きそく》。

マイルド［mild］　やさしくおだやかな様子《ようす》。

マウス［mouse］　コンピューターの入力装置《にゅうりょくそうち》。英語《えいご》で「動物《どうぶつ》のネズミ」を意味《いみ》し、形《かたち》がネズミの体《からだ》に似《に》ているため名《な》づけられた。（119ページ）

マグニチュード［magnitude］地震《じしん》の大《おお》きさを表《あらわ》す単位《たんい》。記《き》号《ごう》は「M《エム》」。

マシン［machine］　機械《きかい》。

マスク［mask］　顔面《がんめん》。鼻《はな》や口《くち》をおおうもの。

マスコット［mascot］　おまもり。かわいがってそばに置《お》く人形《にんぎょう》など。

マスコミュニケーション［mass communication］　新聞《しんぶん》、雑誌《ざっし》、ラジオ、テレビなどを通《とお》して時事的《じじてき》な問題《もんだい》の報道《ほうどう》、解説《かいせつ》を行《おこな》う情報《じょうほう》の伝達《でんたつ》。「マスコミ」は略語《りゃくご》。

マッサージ［massage］　体《からだ》をもんだり、さすったりして、体《からだ》の痛《いた》みやつかれなどを治《なお》すこと。

マット［mat］　しきもの。

マップ［map］　地図《ちず》。

マニア［mania］　あるものにむちゅうになること、なっている人《ひと》。

マニュアル［manual］　①機械《きかい》や、作業《さぎょう》などの手順《てじゅん》をまとめた説《せつ》明書《めいしょ》。②操作《そうさ》が手動式《しゅどうしき》の機械《きかい》。

マネージャー［manager］　世話《せわ》をする人《ひと》。管理《かんり》する人《ひと》。

マネジメント［management］　管理《かんり》。経営《けいえい》。

マラソン［marathon］　四二《よんじゅうに》・一九五《いちきゅうご》kmを走《はし》る競技《きょうぎ》。

マルチメディア［multimedia］　文字《もじ》、映像《えいぞう》、音声《おんせい》など様《さま》ざまな手段《しゅだん》を組《く》み合《あ》わせて情報《じょうほう》を伝《つた》える方法《ほうほう》。

マンツーマン［man-to-man］　一人《ひとり》に対《たい》して一人《ひとり》が対応《たいおう》すること。英語《えいご》では、「素直《すなお》に」「腹《はら》を割《わ》って」という意味《いみ》。

マンネリズム［mannerism］　いつも同《おな》じやり方《かた》で新《あたら》しさがないこと。「マンネリ」は略語《りゃくご》。

マンパワー［manpower］　人的資源《じんてきしげん》や人材《じんざい》。労働力《ろうどうりょく》。

ミーティング［meeting］　相談《そうだん》、議論《ぎろん》のために複数人《ふくすうにん》で集《あつ》まること。

ミステリー［mystery］　ふしぎなこと。推理小説《すいりしょうせつ》など、なぞときの物語《ものがたり》。

ミッション[mission]　①使命《しめい》。任務《にんむ》。②海外《かいがい》への使節団《しせつだん》、代表団《だいひょうだん》。

ミディアム[medium]　中間《ちゅうかん》。

ミネラル[mineral]　①栄養素《えいようそ》の一《ひと》つ。②鉱物《こうぶつ》。

ミュージアム[museum]　美術館《びじゅつかん》。博物館《はくぶつかん》。

ミュージカル[musical]　音楽《おんがく》とおどりを多《おお》く取《と》り入《い》れた演劇《えんげき》。

ミュージック[music]　音楽《おんがく》。

ミラクル[miracle]　信《しん》じられないような、ふしぎなこと。

ムード[mood]　ふんいき。

メカニズム[mechanism]　①機械《きかい》の装置《そうち》。しかけ。②物事《ものごと》のしくみ。

メッセージ[message]　手紙《てがみ》や人《ひと》の声《こえ》などで伝《つた》えられる言葉《ことば》。あいさつ。声明文《せいめいぶん》。

メディア[media]　情報《じょうほう》を伝《つた》える手段《しゅだん》。似《に》た言葉《ことば》 **マスコミュニケーション**[mass communication](132ページ)

メンテナンス[maintenance]　状態《じょうたい》を調《しら》べて、いたんだところ、こわれたところを直《なお》すこと。

メンバー[member]　会《かい》や団体《だんたい》の一員《いちいん》。

モーション[motion]　運動《うんどう》。動作《どうさ》。関連《かんれん》する言葉《ことば》 **スローモーション**[slow motion]　ゆっくりした様《さま》。くつろいだ様子《ようす》。

モーター[motor]　動力《どうりょく》を発生《はっせい》させる機械《きかい》や自動車《じどうしゃ》。関連《かんれん》する言葉《ことば》 **モーターボート**[motor-boat]　エンジンでスクリューを回《まわ》して走《はし》る小《ちい》さい船《ふね》。**モータリゼーション**[motorization]　車社会《くるましゃかい》。

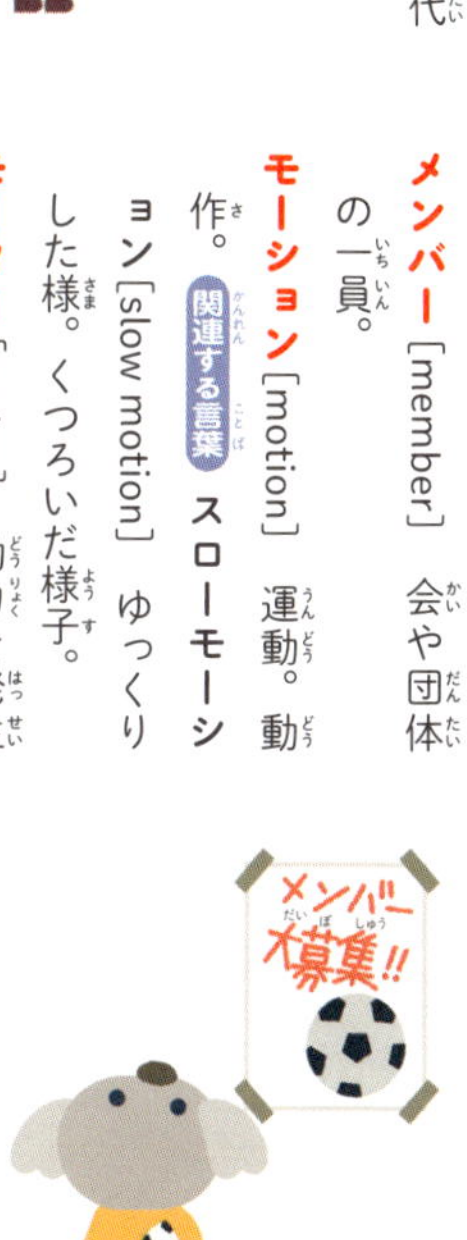

モード[mode]　流行《りゅうこう》。状態《じょうたい》。気分《きぶん》。

モダン[modern]　今《いま》の時代《じだい》に合《あ》っている様子《ようす》。現代的《げんだいてき》。

モチベーション[motivation]　動機《どうき》づけ。意欲《いよく》。やる気《き》。

モニター[monitor]　①映像《えいぞう》を映《うつ》し出《だ》す装置《そうち》。②商品《しょうひん》などについて意見《いけん》を言《い》う人《ひと》。

モバイル[mobile]　通信機能《つうしんきのう》を備《そな》え、持《も》ち運《はこ》びができる機械《きかい》。

モンスター[monster]　①ふしぎな生《い》き物《もの》。②巨大《きょだい》なもの。③影響力《えいきょうりょく》のある人物《じんぶつ》。

ヤング ［young］

まだまだ君《きみ》らもヤングだな。
おーい！太陽《たいよう》～！
明日《あした》もがんばるぞー！

意味《いみ》 若《わか》い。若者《わかもの》。

子《こ》どもではないけれど、大人《おとな》でもない年齢《ねんれい》の人《ひと》のことをいいます。年長《ねんちょう》の人《ひと》が、年下《としした》に対《たい》して使《つか》うことが多《おお》い言葉《ことば》です。

使《つか》い方《かた》 あのお店《みせ》はヤング向《む》けの洋服《ようふく》をあつかっている。

関連《かんれん》する言葉《ことば》 ヤングアダルト［young adult］ 十代中《じゅうだいなか》ごろから二十代前半《にじゅうだいぜんはん》の人《ひと》。
ヤングケアラー［young carer］ 家族《かぞく》の介護《かいご》をする子《こ》どもや若者《わかもの》。

反対《はんたい》の言葉《ことば》 オールド［old］ 年上《としうえ》。年長《ねんちょう》。

ユニバーサルデザイン
[universal design]

ユニバーサルデザインでつくられたものは、小さな子どもでも使いやすい。

意味 だれにでも使いやすいデザインや設計。

年齢、性別、障害があるかどうか、その国の言葉がわかるかどうかなどに関係なく、すべての人が使いやすいように道具や建物などをつくることです。

ユニバーサルデザインの一つがバリアフリー[barrier-free]（117ページ）です。

使い方 多機能トイレや自動ドアは、ユニバーサルデザインの一つだ。

関連する言葉 **ユニバーサル** [universal] 世界中の。全員の。すべてに共通であること。

ユニバーサルサービス [universal service] 電気、ガス、水道、緊急の通報など、全国で提供され、生活に欠かせないサービス。

ライト
［light］

部屋《へや》が暗《くら》いので、もう一《ひと》つライトをつけたよ。

意味《いみ》 ①光《ひかり》。照明《しょうめい》。②軽《かる》いこと。

光《ひかり》や光線《こうせん》、照明《しょうめい》、明《あ》かりなどのことです。ライトブルー、ライトグレーなど、色《いろ》を表《あらわ》す言葉《ことば》の前《まえ》につけると、その色《いろ》が「明《あか》るい、あわい」という意味《いみ》になります。また、重《おも》さが軽《かる》いもの、手軽《てがる》なことにも使《つか》います。

使《つか》い方《かた》 ①灯台《とうだい》のライトは、船《ふね》の夜間航行《やかんこうこう》を安全《あんぜん》にするためにつけられる。②ボクシングのライト級《きゅう》の選手《せんしゅ》に会《あ》った。

関連《かんれん》する言葉《ことば》 ライトアップ［light up］ 照明《しょうめい》を当《あ》てて、美《うつく》しくてらすこと。
ライトノベル［和製英語《わせいえいご》］ 読《よ》みやすい文体《ぶんたい》で書《か》かれた小説《しょうせつ》。

反対《はんたい》の言葉《ことば》 ダーク［dark］ 暗《くら》いこと。闇《やみ》。

ライト
［right］

リスくんがライトを守《まも》ります。

こちら。
センター
(中央《ちゅうおう》・68ページ)
レフト(左《ひだり》)
ライト(右《みぎ》)
外野《がいや》
内野《ないや》
本塁《ほんるい》

意味《いみ》 右《みぎ》。右側《みぎがわ》。

野球《やきゅう》では本塁《ほんるい》から見《み》て右側《みぎがわ》の外野《がいや》を「ライト」といいます。英語《えいご》では、「正《ただ》しい」という意味《いみ》もあり、「オーライ」(「オールライト」の略語《りゃくご》)は、よく聞《き》く言葉《ことば》です。

使《つか》い方《かた》 (野球《やきゅう》で)するどい打球《だきゅう》はライト方向《ほうこう》に飛《と》んで行《い》った。

関連《かんれん》する言葉《ことば》 オールライト［all right］ よろしい。だいじょうぶ。承知《しょうち》した。「オーライ」は略語《りゃくご》。

似《に》た言葉《ことば》 オーケー［OK］ よろしい。承知《しょうち》した。賛成《さんせい》だ。

反対《はんたい》の言葉《ことば》 レフト［left］ 左《ひだり》。左側《ひだりがわ》。

ライフ
[life]

自分《じぶん》のライフスタイルを
大切《たいせつ》にするために
いなかへ移住《いじゅう》したんだ。

意味《いみ》 生活《せいかつ》。人生《じんせい》。
英語《えいご》では、「生命《せいめい》」という意味《いみ》です。ほかの言葉《ことば》の前《まえ》につけて使《つか》われることが多《おお》いです。

使《つか》い方《かた》 祖父《そふ》のライフワーク（[work]仕事《しごと》。150ページ）は一族《いちぞく》の歴史《れきし》を調《しら》べることだ。

※ライフワークは、「一生《いっしょう》かけてする仕事《しごと》」という意味《いみ》。

※スタイル[style]
行動《こうどう》や考《かんが》え方《かた》。やり方《かた》。（60ページ）
ライフスタイルは「生活《せいかつ》のしかた」という意味《いみ》。

関連《かんれん》する言葉《ことば》 ライフセーバー[lifesaver] 水《みず》の事故《じこ》を防《ふせ》ぐために、救助《きゅうじょ》を行《おこな》う人《ひと》。

ライン
[line]

ボールがラインの真上《まうえ》に落《お》ちた。

意味《いみ》 線《せん》。列《れつ》。
工場《こうじょう》などの流《なが》れ作業《さぎょう》の工程《こうてい》も「ライン」といいます。

使《つか》い方《かた》 工場《こうじょう》の生産《せいさん》ラインが止《と》まってしまった。

関連《かんれん》する言葉《ことば》
ラインナップ[lineup] ある組《そ》織《しき》や作品《さくひん》の顔《かお》ぶれ。
スタートライン[和製英語《わせいえいご》] ①出走《しゅっそう》する位《い》置《ち》に引《ひ》かれた線《せん》。②物事《ものごと》を始《はじ》めるそのとき。英語《えいご》では「スターティングライン[starting line]」という。

ラスト
〔last〕

映画《えいが》のラストは感動《かんどう》して泣《な》いてしまったよ。
世界中《せかいじゅう》のねこが泣《な》いた感動作品《かんどうさくひん》！

意味《いみ》 最後《さいご》。「物事《ものごと》の終《お》わり」という意味《いみ》です。言葉《ことば》の前《まえ》につくと、「最後《さいご》の」という意味《いみ》になります。

使《つか》い方《かた》 やるべき仕事《しごと》は、これでラストだ。

関連《かんれん》する言葉《ことば》
ラストオーダー〔last order〕 飲食店《いんしょくてん》がその日《ひ》の閉店前《へいてんまえ》に受《う》ける最後《さいご》の注文《ちゅうもん》。
ラストシーン〔last scene〕 映画《えいが》や演劇《えんげき》などの最後《さいご》の場面《ばめん》。
ラストスパート〔last spurt〕 最後《さいご》に力《ちから》を出《だ》しきること。

似《に》た言葉《ことば》
ファイナル〔final〕 最終《さいしゅう》の。決定的《けっていてき》な。決勝《けっしょう》。

反対《はんたい》の言葉《ことば》
ファースト〔first〕 ①一番目《いちばんめ》。最初《さいしょ》。②野球《やきゅう》の一塁《いちるい》。一塁手《いちるいしゅ》。

ラッキー
［lucky］

ラッキーなことに、勉強《べんきょう》したところがまるまるテストに出《で》た。

意味《いみ》 幸《しあわ》せ。運《うん》がよい。
思《おも》いがけないうれしさ、喜《よろこ》びを意味《いみ》します。言葉《ことば》の前《まえ》につくと、「幸福《こうふく》の」という意味《いみ》になります。

使《つか》い方《かた》 宝《たから》くじが当《あ》たるなんて、あなたはなんてラッキーなの！

関連《かんれん》する言葉《ことば》 ラッキーカラー［lucky color］ 身《み》に着《つ》けると運《うん》がよくなるといわれる色《いろ》。
ラッキーセブン［lucky seventh］ 七《なな》は幸運《こううん》の数字《すうじ》とされる。野球《やきゅう》の試合《しあい》で、七回目《ななかいめ》の攻《こう》撃《げき》のこと。得点《とくてん》が入《はい》りやすいとされる。

反対《はんたい》の言葉《ことば》 アンラッキー［unlucky］ 不運《ふうん》な。運《うん》がついていない。

ランキング

［ranking］

この間《あいだ》いっしょに観《み》た映画《えいが》、人気《にんき》ランキングの1位《い》だったよ！

意味《いみ》 **順位《じゅんい》をつけること。順位《じゅんい》。**様《さま》ざまなグループのなかで一《ひと》つひとつに順位《じゅんい》をつけること。その順位《じゅんい》のことです。

使《つか》い方《かた》 野球《やきゅう》選手《せんしゅ》の世界《せかい》人気《にんき》ランキングの上位《じょうい》に日本人《にほんじん》選手《せんしゅ》が入《はい》っている。

関連《かんれん》する言葉《ことば》

ランクアップ［和製英語《わせいえいご》］ 順位《じゅんい》や階級《かいきゅう》が上《あ》がること。

ランク［rank］ 順位《じゅんい》づけ。順位《じゅんい》。

グレード［grade］ 等級《とうきゅう》や格《かく》を表《あらわ》す。

似《に》た言葉《ことば》

レベル［level］ 質《しつ》、能力《のうりょく》、数値《すうち》などの程度《ていど》を表《あらわ》す。

「ランキング」は順位《じゅんい》づけをするが、「グレード」は順位《じゅんい》をつけず、どのくらいの段階《だんかい》であるかを示《しめ》す。「レベル」も順位《じゅんい》をつけず、価《か》値《ち》がどの程度《ていど》かを示《しめ》す。

ランニング
［running］

趣味《しゅみ》はランニングです。

意味《いみ》 ①走《はし》ること。②そでなしのシャツ。

「走《はし》る」という意味《いみ》のほか、「実行中《じっこうちゅう》」「運用中《うんようちゅう》」という意味《いみ》にも使《つか》われています。また、そでなしのシャツは「ランニングシャツ（［shirt］上半身《じょうはんしん》に着《き》る服《ふく》）」の略語《りゃくご》ですが、海外《かいがい》では通《つう》じません。

使《つか》い方《かた》 ①トレーニングはランニングから始《はじ》まった。②マラソンの選手《せんしゅ》は、ランニングシャツにゼッケンをつけています。

関連《かんれん》する言葉《ことば》 ランナー［runner］ 走《はし》る人《ひと》。ランニングシューズ［running shoes］ 走《はし》るときにはくくつ。

似《に》た言葉《ことば》 ジョギング［jogging］ ゆっくりした速度《そくど》で走《はし》ること。健康《けんこう》や体力《たいりょく》をつけるために行《おこな》う。

リーズナブル
［reasonable］

新鮮《しんせん》な食品《しょくひん》をリーズナブルな価格《かかく》で販売《はんばい》する。

意味《いみ》 **値段《ねだん》が手《て》ごろな。**
日本《にほん》ではおもに、「価格《かかく》が安《やす》い」という意味《いみ》で使《つか》われていますが、英語《えいご》では、「考《かんが》えや意見《いけん》が合理的《ごうりてき》」「もっともなこと」「分別《ふんべつ》のある」という意味《いみ》が多《おお》く使《つか》われています。

使《つか》い方《かた》 あのホテルはサービスがよく、朝食《ちょうしょく》つきなので、リーズナブルだ。

似《に》た言葉《ことば》
チープ［cheap］ 安価《あんか》な。安物《やすもの》。よい商品《しょうひん》ではない印象《いんしょう》。「リーズナブル」はその商品《しょうひん》にふさわしい価格《かか》で、「チープ」は商品《しょうひん》そのものが安《やす》っぽいという意味合《いみあ》い。
コストパフォーマンス［cost performance］ 物《もの》にはらった金額《きんがく》とそれによって得《え》られた効果《こうか》や満足度《まんぞくど》。略語《りゃくご》の「コスパ」は、海外《かいがい》では通《つう》じない。

リード
［lead］

学級委員《がっきゅういいん》はクラスをリードする存在《そんざい》だ。

意味《いみ》 ①導《みちび》くこと。②優位《ゆうい》に立《た》つこと。③文章《ぶんしょう》の書《か》き出《だ》し。前文《ぜんぶん》。

うまくできるように相手《あいて》を導《みちび》くこと、先頭《せんとう》に立《た》って物事《ものごと》を進《すす》めることです。競技《きょうぎ》では相手《あいて》に差《さ》をつけて勝《か》っていることをいいます。また、新聞《しんぶん》などで見《み》出《だ》しの次《つぎ》にある、内容《ないよう》を短《みじか》くまとめた文章《ぶんしょう》のことや、ペットなどの引《ひ》きづなのこともいいます。

使《つか》い方《かた》 ①あの人《ひと》は、時代《じだい》を**リード**していた。②二十点差《にじってんさ》で**リード**していた試合《しあい》がひっくり返《かえ》された。③記事《きじ》の全体《ぜんたい》を読《よ》む時間《じかん》がないので、**リード**文《ぶん》だけを読《よ》む。

リスク
［risk］

リスクは大《おお》きいが、挑戦《ちょうせん》する価値《かち》がある。

意味《いみ》 危険《きけん》の生《しょう》じる可能性《かのうせい》。
物事《ものごと》が計画《けいかく》通《どお》りに進《すす》まずに失敗《しっぱい》する可《か》能性《のうせい》や、損《そん》をする可能性《かのうせい》のことをいいます。

使《つか》い方《かた》 たばこを吸《す》う人《ひと》は、肺《はい》がんになるリスクがあります。

関連《かんれん》する言葉《ことば》

リスキー［risky］ 危険《きけん》が多《おお》い様子《ようす》。

リスクヘッジ［和製英語《わせいえいご》］ 危険《きけん》が起《お》きないように対策《たいさく》すること。

リスクマネジメント［risk management］ 様《さま》ざまな危険《きけん》を最小限《さいしょうげん》におさえようと管理《かんり》すること。

リモート
[remote]

学校《がっこう》に行《い》かずに、リモートで授業《じゅぎょう》を受《う》けた。

意味《いみ》 遠《とお》くはなれていること。
言葉《ことば》の上《うえ》につくと、そのものがはなれた状態《じょうたい》にあるということを表《あらわ》します。

使《つか》い方《かた》 山《やま》の中《なか》にカメラを置《お》いて、自宅《じたく》のパソコンからクマの生活《せいかつ》をリモート撮影《さつえい》する。

関連《かんれん》する言葉《ことば》 リモートコントロール[remote control] はなれたところから機械《きかい》を動《うご》かすこと、その道具《どうぐ》。略語《りゃくご》の「リモコン」は、海外《かい》では通《つう》じない。
リモートワーク[remote work] 自宅《じたく》など、会社以外《かいしゃいがい》の場所《ばしょ》で働《はたら》くこと。

レポート
〔report〕

明日《あした》がレポートの提出《ていしゅつ》の日《ひ》だけど、まだ書《か》き終《お》わっていない。

意味《いみ》 研究《けんきゅう》したこと、調《しら》べたことをまとめたもの。

研究《けんきゅう》したことや調査《ちょうさ》したことをまとめた報告書《ほうこくしょ》のことです。また、テレビや新聞《しんぶん》などで、現地《げんち》で取材《しゅざい》して様子《ようす》を報告《ほう》することも「レポート」です。「リポート」ともいいます。

使《つか》い方《かた》 テレビ局《きょく》の人《ひと》たちが年末《ねんまつ》の町《まち》の様子《ようす》をレポートしている。

関連《かんれん》する言葉《ことば》 レ（リ）ポーター〔reporter〕記者《きしゃ》。報告者《ほうこくしゃ》。

レンタル

［rental］

今度《こんど》の旅行《りょこう》には、スーツケースはレンタルでいいね。

意味《いみ》 **物《もの》を貸《か》すこと。**

物《もの》をただ貸《か》すのではなく、使用料《しようりょう》をもらって貸《か》すことです。また、レンタカー［rent-a-car］、レンタサイクル［rent-a-cycle］など、レンタル［rental］が前《まえ》につくと、「貸《か》し出《だ》される物《もの》」の意味《いみ》になります。

使《つか》い方《かた》 引《ひ》っ越《こ》しをするためにトラックを**レンタル**した。

関連《かんれん》する言葉《ことば》 **レンタルスペース**［和製英語《わせいえいご》］
短期間《たんきかん》だけ借《か》りることができる部屋《へや》や場所《ばしょ》。

似《に》た言葉《ことば》 **リース**［lease］ 企業《きぎょう》が購入《こうにゅう》した商品《しょうひん》を長《なが》い期間《きかん》にわたって貸《か》し出《だ》すしくみ。「レンタル」は貸《か》し出《だ》す期間《きかん》が半日《はんにち》から一《いっ》か月《げつ》ほどと短《みじか》い。

ワーク
［work］

たくみなカメラワークで決定的《けっていてき》な一瞬《いっしゅん》をとらえた。

※カメラ［camera］写真機《しゃしんき》。撮影機《さつえいき》。
カメラワークは、「撮影操作《さつえいそうさ》。撮影《さつえい》の技術《ぎじゅつ》」という意味《いみ》。

意味《いみ》 **仕事《しごと》。活動《かつどう》。技術《ぎじゅつ》。**
仕事《しごと》や活動《かつどう》のほか、勉強《べんきょう》に取《と》り組《く》むこともいいます。「ワークウエア」など、ほかの言葉《ことば》につけて使《つか》われることがあります。

使《つか》い方《かた》 今日《きょう》の分《ぶん》の**ワーク**ブックを終《お》わらせて遊《あそ》びに行《い》く。

関連《かんれん》する言葉《ことば》
ワークウエア［workwear］ 作業服《さぎょうふく》。作業服《さぎょうふく》の機能《きのう》を取《と》り入《い》れたカジュアルな服《ふく》。
ワークシート［worksheet］ 授業《じゅぎょう》で使《つか》うために問題《もんだい》や図《ず》を印刷《いんさつ》した用紙《ようし》。作業《さぎょう》の予定表《よていひょう》。
ワークショップ［workshop］ 作業場《さぎょうじょう》。参加《さんか》型《がた》の講習会《こうしゅうかい》。
チームワーク［teamwork］ チームを組《く》んで共同《きょうどう》で行《おこな》う作業《さぎょう》や団体行動《だんたいこうどう》。チームは「協力《きょうりょく》して行動《こうどう》する集団《しゅうだん》、組《くみ》」のこと。

ユーザー［user］ 商品《しょうひん》を使《つか》う人《ひと》。

ユーモア［humor］ 笑《わら》いをさそうおもしろみ。

ユニーク［unique］ ほかにない独特《どくとく》な様子《ようす》。

ライセンス［license］ 免許《めんきょ》。許可書《きょかしょ》。

ライブ［live］ 録音《ろくおん》・録画《ろくが》したものではない、生演奏《なまえんそう》や生放送《なまほうそう》。

ラジオ［radio］ 放送局《ほうそうきょく》の電波《でんぱ》を受《う》けて音声《おんせい》を再生《さいせい》する機械《きかい》。

ランダム［random］ 偶然《ぐうぜん》に。行《い》き当《あ》たりばったり。思《おも》いつくまま。

ランチ［lunch］ 昼食《ちゅうしょく》。

リアクション［reaction］ 反応《はんのう》。

リアル［real］ ありのままの様子《ようす》。現実感《げんじつかん》のある表現《ひょうげん》。

リクエスト［request］ 要求《ようきゅう》。

リサーチ［research］ 調《しら》べること。

リサイクル［recycle］ 使《つか》い終《お》わったもの、不用品《ふようひん》をもう一度利用《いちどりよう》すること。再資源《さいしげん》。

リスト［list］ 一覧表《いちらんひょう》。

リターナブル［returnable］ 回収《かいしゅう》して再使用《さいしよう》できる。

リデュース［reduce］ なるべくごみを出《だ》さないこと。削減《さくげん》。

リニューアル［renewal］ 新《あたら》しくつくり直《なお》して再生《さいせい》させること。

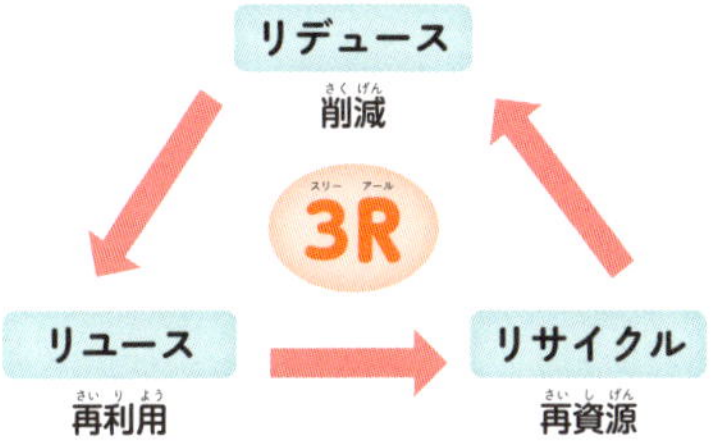
リデュース
削減《さくげん》
3R《スリーアール》
リユース
再利用《さいりよう》
リサイクル
再資源《さいしげん》

リハーサル［rehearsal］ 本番前《ほんばんまえ》に行《おこな》う総《そう》仕上《しあ》げの練習《れんしゅう》。

リバーシブル［reversible］ 表《おもて》と裏《うら》。両《りょう》方使《ほうつか》える布《ぬの》、服《ふく》など。

リバウンド［rebound］ はね返《かえ》ること。一度《いちど》よくなったものが、元《もと》の悪《わる》い状態《じょうたい》にもどること。

リハビリテーション［rehabilitation］ けがや病気《びょうき》で体《からだ》が不自由《ふじゆう》になった人《ひと》が社《しゃ》会復帰《かいふっき》できるように訓練《くんれん》すること。「リハビリ」は略語《りゃくご》。

リピート［repeat］ くり返《かえ》すこと。

リフォーム［reform］ 服《ふく》や建物《たてもの》に手《て》を加《くわ》えて、つくり直《なお》すこと。日本《にほん》だけの使《つか》い方《かた》で、英語《えいご》では「制度《せいど》の改善《かいぜん》」「改心《かいしん》させる」の意味《いみ》。 **似《に》た言葉《ことば》** **リモデル**［remodel］ 建物《たてもの》などを改造《かいぞう》すること。**リメイク**［remake］ 新《あたら》しいものにつくり変《か》えること。

リフレッシュ［refresh］ 元気《げんき》を回復《かいふく》すること。心《こころ》をさわやかにすること。

リベンジ［revenge］ 仕返《しかえ》し。再挑戦《さいちょうせん》。

リユース［reuse］ 一度使《いちどつか》ったものをもう一度使《いちどつか》うこと。再利《さいり》用《よう》。

リレー［relay］ 次《つぎ》から次《つぎ》へとわたすこと。

ルーキー［rookie］　新人《しんじん》。

ルーズ［loose］　だらしのない様子《ようす》。ゆったりしている様子《ようす》。

ルーツ［roots］　祖先《そせん》。物事《ものごと》の始《はじ》め。根《ね》。

ルート［route］　道《みち》。道筋《みちすじ》。

レクリエーション［recreation］　つかれをとるための運動《うんどう》や遊《あそ》び。

レシート［receipt］　領収書《りょうしゅうしょ》。

レシピ［recipe］　料理《りょうり》や菓子《かし》のつくり方《かた》。語源《ごげん》はフランス語《ご》。

レジャー［leisure］　余暇《よか》。遊《あそ》び。

レストラン［restaurant］　飲食《いんしょく》ができる店《みせ》。語源《ごげん》はフランス語《ご》。

レッスン［lesson］　けいこ。練習《れんしゅう》。

レンズ［lens］　物《もの》を大《おお》きく、または小《ちい》さく見《み》るもの。眼鏡《めがね》やカメラなどに使《つか》う。

ローカル［local］　地方《ちほう》の。

ローテーション［rotation］　ある役割《やくわり》を順番《じゅんばん》に回《まわ》すこと。

ロープ［rope］　植物《しょくぶつ》の繊維《せんい》をより合《あ》わせてつくった、じょうぶなひも。

ロープウェー［ropeway］　空中《くうちゅう》にロープをはって、箱状《はこじょう》の乗《の》り物《もの》を動《うご》かして人《ひと》や物《もの》を運《はこ》ぶもの。

ローラー［roller］　丸《まる》い筒状《つつじょう》のものを動《うご》かして使《つか》う道具《どうぐ》。

ローラースケート［roller skate］　底《そこ》に小《ちい》さな車輪《しゃりん》がついたくつ。

ログイン［login］　コンピューターを利用《りよう》できる状態《じょうたい》にすること、ネットワークに接続《せつぞく》すること。反対《はんたい》の言葉《ことば》 **ログアウト**［logout］　コンピューターの利用《りよう》を終了《しゅうりょう》すること。ネットワークの接続《せつぞく》を切《き》ること。

ロケーション［location］　場所《ばしょ》。位置《いち》。自然《しぜん》や町《まち》など屋外《おくがい》を撮《さつ》影《えい》すること。略語《りゃくご》は「ロケ」。

ワースト［worst］　もっとも悪《わる》いこと。（113ページ）　反対《はんたい》の言葉《ことば》 **ベスト**［best］　もっともよいこと。（113ページ）

ワールド［world］　世界《せかい》。

ワイシャツ［和製英語《わせいえいご》］　おもに男性《だんせい》が着《き》るシャツ。英語《えいご》では、「ホワイトシャツ［white shirt］」。

ワッフル［waffle］　小麦粉《こむぎこ》、卵《たまご》、牛乳《ぎゅうにゅう》などを混《ま》ぜ合《あ》わせて型《かた》に入《い》れて焼《や》いた菓子《かし》。語源《ごげん》はオランダ語《ご》。

ワンタッチ［和製英語《わせいえいご》］　一度《いちど》ふれただけで動《うご》く機械《きかい》。

ワンピース［和製英語《わせいえいご》］　上着《うわぎ》とスカートがつながっている洋服《ようふく》。

ワンマン［和製英語《わせいえいご》］　一人《ひとり》だけですること。ほかの人《ひと》の意見《いけん》を聞《き》かないで物事《ものごと》を進《すす》める人《ひと》。

知《し》っておきたいアルファベット略語《りゃくご》

テレビやネット、新聞《しんぶん》などの報道《ほうどう》で、これらの略語《りゃくご》を聞《き》いたことはないでしょうか。国際機関《こくさいきかん》の名称《めいしょう》や活動《かつどう》などの頭文字《かしらもじ》を組《く》み合《あ》わせてつくった単語《たんご》です。これらの言葉《ことば》を知《し》っておくと、ニュース番組《ばんぐみ》がよくわかるようになります。ぜひ、読《よ》んでみてください。 ※2025年《ねん》1月時点《がつじてん》の情報《じょうほう》にもとづいています。

ASEAN（アセアン）

Association of Southeast Asian Nations

東南《とうなん》アジア諸国連合《しょこくれんごう》　カンボジア、ラオス、ミャンマー、タイ、ベトナム、ブルネイ、インドネシア、マレーシア、フィリピン、シンガポールが参加《さんか》する共同体《きょうどうたい》。地域《ちいき》の平和《へいわ》、安定《あんてい》や経済成長《けいざいせいちょう》の促進《そくしん》を目的《もくてき》としている。

EU（イーユー）

European Union

欧州連合《おうしゅうれんごう》　ヨーロッパの国《くに》を中心《ちゅうしん》に27か国《こく》が集《あつ》まり、経済的《けいざいてき》、政治的《せいじてき》に協力《きょうりょく》し合《あ》う組織《そしき》。

G7（ジーセブン）

Group of 7

フランス、アメリカ、イギリス、ドイツ、日本《にほん》、イタリア、カナダとEU《イーユー》（欧州連合《おうしゅうれんごう》）が参加《さんか》するグループのことで、各国《かっこく》のリーダーが集《あつ》まって経済《けいざい》や温暖化《おんだんか》など国際的《こくさいてき》な課題《かだい》について話《はな》し合《あ》う。G《ジー》20もあり。

ODA（オーディーエー）

Official Development Assistance

政府開発援助《せいふかいはつえんじょ》　開発途上国《かいはつとじょうこく》などに対《たい》して、資金《しきん》の援助《えんじょ》や協力《きょうりょく》などをする活動《かつどう》。

OECD（オーイーシーディー）

Organisation for Economic Co-operation and Development

経済協力開発機構《けいざいきょうりょくかいはつきこう》　ヨーロッパ諸国《しょこく》を中心《ちゅうしん》にアメリカ、日本《にほん》など38か国《こく》が参加《さんか》。世界《せかい》の経済発展《けいざいはってん》、発展《はってん》途上国《とじょうこく》の援助《えんじょ》、貿易《ぼうえき》の拡大《かくだい》などをはかることを目的《もくてき》としている。

OPEC（オペック）

Organization of the Petroleum Exporting Countries

石油輸出国機構《せきゆゆしゅっこくきこう》　イラク、クウェート、サウジアラビアなど、産油国《さんゆこく》が石油《せきゆ》の供給量《きょうきゅうりょう》を協力《きょうりょく》して調整《ちょうせい》し、石油《せきゆ》の価格《かかく》の安定《あんてい》を目指《めざ》す枠組《わくぐ》み。全部《ぜんぶ》で12か国《こく》が加盟《かめい》。

SDGs（エスディージーズ）

Sustainable Development Goals

持続可能《じぞくかのう》な開発目標《かいはつもくひょう》　貧困《ひんこん》、食糧問題《しょくりょうもんだい》、人権《じんけん》、安全《あんぜん》な水《みず》、クリーンなエネルギーなど17の目標達成《もくひょうたっせい》のために国際連合《こくさいれんごう》の総会《そうかい》で採択《さいたく》された計画《けいかく》。

UN（ユーエヌ）

United Nations

国際連合《こくさいれんごう》　世界《せかい》の平和《へいわ》と安全《あんぜん》を保障《ほしょう》、経済《けいざい》、社会《しゃかい》、文化的《ぶんかてき》な国際問題《こくさいもんだい》を解決《かいけつ》し、人権《じんけん》を守《まも》るため協力《きょうりょく》する組織《そしき》。

UNESCO（ユネスコ）

United Nations Educational, Scientific and Cultural Organization

国連教育科学文化機関《こくれんきょういくかがくぶんかきかん》　教育《きょういく》、科学《かがく》、文化《ぶんか》などの活動《かつどう》を通《つう》じて、世界平和《せかいへいわ》に役立《やくだ》つための機関《きかん》。世界文化遺産《せかいぶんかいさん》、世界自然遺産《せかいしぜんいさん》の登録《とうろく》、全人類《ぜんじんるい》が教育《きょういく》を受《う》けるための取《と》り組《く》みなど。

UNICEF（ユニセフ）

United Nations Children's Fund

国連児童基金《こくれんじどうききん》　世界《せかい》の子《こ》どもの命《いのち》と権利《けんり》を守《まも》るための国連《こくれん》の機関《きかん》の1つ。

WHO（ダブリューエイチオー）

World Health Organization

世界保健機関《せかいほけんきかん》　すべての人《ひと》びとが健康《けんこう》に暮《く》らせるように各国《かっこく》が協力《きょうりょく》するための組織《そしき》。

さくいん

・この本《ほん》に出《で》てくる言葉《ことば》を五十《ごじゅう》音順《おんじゅん》にならべてあります。

ア

アーカイブ 22
アイコン 22
アイデア 6
ID《アイディー》カード 7
アイデンティティー 7
アウター 22
アウト 63
アウトドア 15
アウトバウンド 16
アクション 22
アクセス 22
アクセント 22
アシスタント 8
アシスタントディレクター（AD《エーディー》） 77
アシスト 8
アスリート 22
アスレチック 22
アタック 22
アットホーム 9
アットランダム 22
アップロード 73
アテンド 22
アドバイス 22
アドバンテージ 128
アナウンサー 10・87
アナウンス 10
アナログ 91
アピール 22
アマチュア（アマ） 11
アミューズメント 22
アラート 12
アラーム 12
アルファベット 22
アレルギー 22
アレンジ 22
アンテナ 22
アンバランス 22
アンラッキー 141

イ

イエロー 69
イエローカード 69
イニシャル 22
イベント 22
イマジネーション 22
イメージ 22
イラスト（イラストレーション） 44
イレギュラー 13
イレギュラーバウンド 13
インクルーシブ 71
インスタント 102
インストラクター 22
インスピレーション 6・22
インターナショナル 22
インデックス 22
インテリア 22
インテリジェンス 14
インドア 15
インドアスポーツ 15
イントネーション 22
インナー 22
インバウンド 16
インパクト 22
インフォメーション 23
インフラストラクチャー（インフラ） 17
インフルエンサー 23
インフレーション（インフレ） 81

ウ

ウィークエンド 23
ウィークデー 23
ウィークポイント 23
ウインドーショッピング 23
ウェット 83
ウェブコンテンツ 42

エ

エアコンディショナー（エアコン） 23
エキスパート 18
エスカレート 23
エチケット 19
エッセンシャルワーカー 23
エネルギー 20
エネルギッシュ 20
エピソード 23
エビデンス 23
エラー 23
エリア 23
エンターテインメント 23

オ

オーガニック 23
オーケー 137
オーダー 23
オーディション 21
オーナー 23
オーバー 23
オールライト（オーライ） 137
オールド 134
オフ 23
オブザーバー 23
オプション 23
オリエンテーション 25
オリエンテーリング 23
オリジナル 23
オン 23

カ

ガーデニング 44
ガーデン 44
カート 44
ガード 24
ガードレール 24
ガイダンス 25
ガイド 26
ガイドブック 26
ガイドライン 26
カウンセラー 27
カウンセリング 27
カウント 44
カジュアル 44
カット 44
カメラ 150
カメラワーク 150
カリキュラム 44
カリスマ 44
カルチャー 44

キ

キーパーソン 28
キーワード 28
ギャグ 40
キャッシュ 29

キャッシュディスペンサー 29
キャッチ 44
ギャップ 44
キャラクター 44
ギャラリー 44
キャリア 44
キャンセル 44
キャンパス 44
キャンプ 30
キャンプファイヤー 30

ク

クーポン 44
クール 44
クオリティー 44
グッズ 44
グッドモーニング 129
クライマックス 44
クラウドファンディング 44
クラシック 44
クラス 31
クラスメート 31
グラデーション 44
クラブ 44
グラフィックデザイン 80
クリアー 44
クリアランスセール 64
クリーナー 32
クリーニング 32
クリーン 32
グリーン 69
グリーンカード 69
グルーピング 33
グループ 33・52
グルメ 45
グレード 142
クレーマー 34
クレーム 34
クローズアップ 45
グローバリゼーション 35
グローバル 35

ケ

ケア 45
ゲート 45
ゲーム 45
ゲームセット 45
ゲスト 45・61

コ

コイン 29
コース 45
コーチ 45
コーディネート 45
コーナー 45
ゴール 36
ゴールイン 36
ゴールド 69
ゴールドメダル 69
ゴシップ 37
コスト 45
コストパフォーマンス（コスパ） 45・144
コネクション（コネ） 45
コピー 38
コピーアンドペースト（コピペ） 38
コマーシャル（CM《シーエム》） 45
コミュニケーション 39
コミュニティー 39
コメディアン 40
コメディー 40
コメンテーター 41
コメント 41
コラボレーション 45
コレクション 45
コレクター 45
コンクール 21
コンサート 45
コンサートマスター 124
コンセプト 116
コンセンサス 45
コンディション 45
コンテスト 21
コンテンツ 42
コントロール 43
コントロールタワー 43
コンパクト 45
コンプライアンス 45
コンプリート 94
コンプレックス 45

サ

サークル 67
サービス 67・129
サイズ 125
サスティナブル 46
サブ 126
サポーター 47
サポート 47
サミット 67

シ

シーズン 67
シーン 67
シェア 67
ジェスチャー 67
シェフ 67
ジェンダー 48
ジェンダーバイアス 48
ジェンダーフリー 48
システム 67
シニア 49
シニアドライバー 49
シビア 67
シミュレーション 67
ジャーナリスト 50
ジャーナリズム 50
シャープ 51
シャープペンシル 51
ジャンクフード 102
ジャンル 52
ジュース 67
ジュニア 49
ジョーク 67
ショート 53
ジョギング 143
ショック 67
シルバー 69
シルバーメダル 69
シングル 54
シングルス 54
シンプル 67
シンボル 67

ス

スイッチ 67
スイミング 57・67
スーツ 67
スーパー 55
スーパーマン 55
ズーム 67
スカウト 67
スキップ 67
スキャンダル 37

スキンシップ 67
スクープ 56
スクール 57
スクールゾーン 57
スクールバス 57
スクリーン 58
スクリーンセーバー 58
スケール 67
スケジュール 67
スケッチ 67
スケッチブック 67
スコア 67
スコアボード 67
スター 67
スタート 59
スタートアップ 59
スタートライン 139
スタイリスト 60
スタイリッシュ 60
スタイル 60・138
スタジアム 67
スタジオ 67
スタッフ 68
スタンス 116
スタンバイ 68
スタンプ 68
ステーキ 68
ステージ 68
ストーリー 68
ストック 68
ストップ 59
ストレート 68
ストレス 68
スニーカー 68
スピーチ 68
スピード 68
スペース 68
スペシャリスト 18・61
スペシャル 61
スポーツ 68
スポット 62
スポットライト 62
スポンサー 68
スマート 68
スライス 68
スライド 68
スランプ 68
スロー 68
スローガン 130
スローモーション 133

セ

セーフ 63
セーブ 68
セール［sale］ 64・119
セール［sail］ 119
セカンド 65
セカンドオピニオン 65
セカンドライフ 65
セキュリティー 24
セクシャルハラスメント（セクハラ） 99
セッティング 66
セット 66
セルフコントロール 43
セレブリティ（セレブ） 68
センス 68
センター 68・137

ソ

ソーラー 68
ソーラーカー 68
ソフト 92
ソフトウェア 68

タ

ダーク 136
ターゲット 90
ターミナル 90
ダイエット 90
ダイジェスト 90
タイトル 70
タイトルマッチ 70
ダイナミック 90
ダイバーシティー 71
タイマー 72
タイミング 72
タイム 72
タイムカプセル 72
タイムリー 72
タイヤ 90
ダウンロード 73
ダッシュ 90
タッチ 74
タッチパネル 74
タフ 90
ダブル 54
ダブルス 54
タブレット 90
ダメージ 90
タレント 90

チ

チープ 144
チームワーク 150
チェック 90
チェンジ 90
チップ 119
チャージ 90
チャーミング 90
チャイルド 90
チャイルドシート 90
チャット 75
チャットGPT《ジーピーティー》 75
チャリティー 90
チャレンジ 90
チャンス 90
チャンピオン 90

ツ

ツアー 90
ツアーガイド 26

テ

デイケア 76
デイケアセンター 76
デイサービス 76
ディスカウント 90
ディスカッション 90
ディスプレー 90
ディレクター 77
デーゲーム 91
データ 78
データベース 78
デート 90
テキスト 79
テキストデータ 79
テキストファイル 79
テクニック 90
デコレーション 90
デザイナー 80
デザイン 80
デジタル 90
デビュー 58・127
デフレーション（デフレ） 81
デメリット 128

デリバリー 91
テレビドラマ 85
テロリスト 91
テロリズム（テロ） 91

ト

ドキュメンタリー 91
ドクター 91
ドッキング 91
トッピング 82
トップ 82
トップクラス 31・82
トップランナー 82
ドライ 83
ドライアイス 83
ドライブ 84
ドライブイン 84
ドライブスルー 84
ドライヤー 83
トラウマ 91
トラブル 91
ドラマ 85
ドラマチック 85
トリック 91
トレードマーク 91
トレーナー 86
トレーニング 86
トレーニングセンター 86
トレーニングパンツ 86
トレンド 91

ナ

ナース 91
ナーバス 91
ナイター 91
ナチュラル 91
ナビゲーター（ナビ） 91
ナレーション 87
ナレーター 87
ナンセンス 91
ナンバー 88
ナンバープレート 88
ナンバーワン 88

ニ

ニーズ 91
ニューフェイス 91

ネ

ネガティブ 118
ネット 89
ネットサーフィン 89
ネットワーク 89

ノ

ノミネート 91
ノルマ 91
ノンフィクション 91

ハ

バーゲンセール 64
パーティー 117
ハード 92
パート 93
ハードウェア 68・92
パートタイマー 93
パートタイム 93
ハードディスク 92
パートナー 117
ハードル 117
パーフェクト 94
バーベキュー 117
バイリンガル 117
ハザード 117
ハザードマップ 117
パスポート 117
パターン 95
バック 96
バックアップ 96
バックナンバー 96
バックボーン 96
バックミラー 96
パッケージ 117
バッシング 117
ハッピー 97
ハッピーエンド 97
パティシエ 117
パトロール 98
パトロールカー（パトカー） 98・125
パニック 117
パフォーマンス 117
バラエティー 71
ハラスメント 99
パラダイス 117
バリアフリー 117
パレード 117
パワー 20・100
パワーカップル 100
パワーハラスメント（パワハラ） 99
パワーバランス 100
パワフル 100

ヒ

ヒーロー 55・117
ビジネス 117
ビッグ 125
ヒロイン 117
ピンチ 101
ピンチヒッター 101
ヒント 117

フ

ファースト 140
ファーマーズマーケット 120
ファイナル 140
ファウル 106
ファストフード 102
ファッショナブル 103
ファッション 103
ファッションショー 103
ファミリー 104
ファミリーカー 104
ファミリーレストラン 104
ファンタジー 117
フィールド 105
フィールドアスレチック 105
フィールドワーク 105
フィクション 91
フィットネス 117
フィニッシュ 117
フィルター 117
フードロス 102
ブーム 118
フェア 106
フェアプレー 106
フェスティバル 118
フォロー 118
プライド 118
プライバシー 118
プライベート 118
プラス 107・121
プラスアルファ 107
ブラック 69
ブラックリスト 69
フラット 51
フリー 108

フリースタイル 108
フリータイム 108
フリーダイヤル 108
フル 109
ブルー 69
ブルーカラー 69
フルスピード 109
フルタイム 109
フルネーム 109
プレッシャー 118
プレミア 110
プレミアム 110
プログラム 118
プロダクション 118
プロデューサー 77
プロフィール 118
プロフェッショナル（プロ） 11
フロント 118

ヘ

ヘイトクライム 111
ヘイトスピーチ 111
ベース 112
ベースキャンプ 112
ベスト 113・152
ベストセラー 113
ペット 118
ベッド 54
ペットボトル 118
ペナルティー 118
ヘルシー 118
ヘルパー 118

ホ

ポイント 118
ホープ 118
ホーム 114
ホームシック 114
ホームステイ 114
ホームドラマ 85
ホームパーティー 114
ボキャブラリー 118
ポジティブ 118
ホスト 45
ポスト 118
ホット 115
ホットドッグ 115
ポピュラー 118
ボランティア 118
ポリシー 116
ボリューム 118
ホワイト 69
ホワイトカラー 69

マ

マーケット 120
マーケティングリサーチ 120
マイカー 122
マイスター 124
マイナー 127
マイナス 107・121
マイブーム 122
マイペース 122
マイホーム 114・122
マイルド 132
マウス［mouse］ 119・132
マウス［mouth］ 119
マグニチュード 132
マジック 123
マジックハンド 123
マジックミラー 123
マシン 132
マスク 132
マスコット 132
マスコミュニケーション（マスコミ） 132
マスター 124
マッサージ 132
マット 132
マップ 132
マナー 19
マニア 132
マニュアル 132
マネージャー 132
マネジメント 132
マラソン 132
マルチメディア 132
マンツーマン 132
マンネリズム（マンネリ） 132
マンパワー 132

ミ

ミーティング 132
ミクロ 125
ミステリー 132
ミッション 133
ミディアム 133
ミニ 125
ミニチュア 125
ミニマム 125
ミネラル 133
ミュージアム 133
ミュージカル 133
ミュージック 133
ミラクル 133

ム・メ

ムード 133
メイン 126
メインイベント 126
メインスタンド 126
メインストリート 126
メインタイトル 70
メインディッシュ 126
メカニズム 133
メジャー［major］ 119・127
メジャー［measure］ 119
メジャーリーグ 127
メジャーレーベル 127
メッセージ 133
メディア 133
メリット 128
メンテナンス 133
メンバー 133

モ

モーション 133
モーター 133
モーターボート 133
モータリゼーション 133
モード 133
モーニング 129
モーニングコール 129
モダン 133
モチベーション 133
モットー 130
モニター 133
モバイル 133
モバイルコンテンツ 42
モラル 131
モラルハザード 131
モンスター 133

ヤ

ヤング 134

ヤングアダルト 134
ヤングケアラー 134

ユ

ユーザー 151
ユーモア 151
ユニーク 151
ユニバーサル 135
ユニバーサルサービス 135
ユニバーサルデザイン 135

ラ

ライセンス 151
ライター 119
ライト(light) 119・136
ライト(right) 119・137
ライトアップ 136
ライトノベル 136
ライフ 65・138
ライブ 151
ライフスタイル 138
ライフセーバー 138
ライフライン 17
ライン 139
ラインナップ 139
ラジオ 151
ラスト 140
ラストオーダー 140
ラストシーン 140
ラストスパート 140
ラッキー 141
ラッキーカラー 141
ラッキーセブン 141
ラッキーナンバー 88
ランク 142
ランキング 142
ランクアップ 142
ランダム 151
ランチ 151
ランナー 143
ランニング 143
ランニングシューズ 143

リ

リアクション 151
リアル 151
リース 149
リーズナブル 144
リード 145
リクエスト 151
リサーチ 151
リサイクル 151
リスキー 146
リスク 146
リスクヘッジ 146
リスクマネジメント 146
リスト 151
リターナブル 151
リデュース 151
リニューアル 151
リハーサル 151
リバーシブル 151
リバウンド 151
リハビリテーション
(リハビリ) 151
リピート 151
リフォーム 151
リフレッシュ 151
リベンジ 151
リメイク 151
リモート 147
リモートコントロール
(リモコン) 147
リモートワーク 147
リモデル 151
リユース 151
リラックス 9
リレー 151

ル

ルーキー 152
ルーズ 152
ルーツ 152
ルート 152
ルール 131

レ

レース 119
レギュラー 13
レクリエーション 152
レシート 152
レシピ 152
レジャー 152
レストラン 152
レッスン 152
レッド 69
レッドカード 69
レフト 137
レベル 142
レポーター 148
レポート 148
レンズ 152
レンタル 149
レンタルスペース 149

ロ

ローカル 152
ローテーション 152
ロープ 152
ロープウェー 152
ローラー 152
ローラースケート 152
ログアウト 152
ログイン 152
ロケーション 152
ロング 53

ワ

ワーク 150
ワークウエア 150
ワークシート 150
ワークショップ 150
ワースト 113・152
ワールド 152
ワールドワイド 35
ワイシャツ 152
ワッフル 152
ワンタッチ 152
ワンパターン 95
ワンピース 152
ワンマン 152

A~Z

AI《エーアイ》 14
ASEAN《アセアン》 153
EU《イーユー》 153
G7《ジーセブン》 153
IQ《アイキュー》 14
ODA《オーディーエー》 153
OECD《オーイーシーディー》 153
OPEC《オペック》 153
SDGs《エスディージーズ》 153
UN《ユーエヌ》 153
UNESCO《ユネスコ》 153
UNICEF《ユニセフ》 153
WHO《ダブリューエイチオー》 153

● 監修／アレン玉井光江

青山学院大学文学部英米文学科教授、教育学博士。日本児童英語教育学会（JASTEC）会長、広島県広島市生まれ。アメリカのNotre Dame De Namur UniversityでB.A. in Englishを取得後、サンフランシスコ州立大学英語研究科でM.A. in TESL/TEFLを取得。その後、テンプル大学で教育学博士号（Doctor of Education）を取得。専門は、小学校英語教育、第二言語教育、読み書き教育。主な著書に『音で学べる！英語ことば図鑑5000』『名探偵コナンの12才までにおぼえたい英単語1200』（小学館）、『はじめてのさがしておぼえるえいごのことば』（パイインターナショナル）、『小学校英語の文字指導　リタラシー指導の理論と実践』（東京書籍）、『New Horizon Elementary 5 & 6』（編集代表、東京書籍）ほか多数。

● 本文デザイン ／ 三木健太郎
● イラスト ／ 中川貴雄
ロシトロカ（佐古浩介　小夏）
イラストAC
● DTP ／ ニシ工芸（向阪伸一）
● 執筆 ／ 河合佐知子
● 校正 ／ 小学館クリエイティブ校閲室
● 編集 ／ 小学館クリエイティブ（瀧沢裕子）

<参考文献>
『学習例解国語辞典』『プログレッシブ小学英和辞典』（小学館）、『外来語言い換え手引き』（ぎょうせい）、『広辞苑』（岩波書店）、『略語一覧』（外務省資料）、「キッズ外務省」（外務省HP）、「外来語（カタカナ）表記ガイドライン第３版（一般財団法人テクニカルコミュニケーター協会）

イラストでわかるカタカナ語じてん

監　修　アレン玉井光江《たまいみつえ》
発行者　深見公子
発行所　成美堂出版
〒162-8445　東京都新宿区新小川町1-7
電話(03)5206-8151 FAX(03)5206-8159
印　刷　TOPPAN株式会社

ISBN978-4-415-33536-0
落丁･乱丁などの不良本はお取り替えします
定価はカバーに表示してあります